我的教育人生

顾明远题签

郭彩霞◎著

GUANGXI NORMAL UNIVERSITY PRESS
广西师范大学出版社
·桂林·

图书在版编目（CIP）数据

我的教育人生 / 郭彩霞著. --桂林 : 广西师范大学出版社，2023.3

ISBN 978-7-5598-5925-9

Ⅰ. ①我… Ⅱ. ①郭… Ⅲ. ①教育—文集 Ⅳ. ①G4-53

中国国家版本馆 CIP 数据核字（2023）第 048726 号

广西师范大学出版社出版发行

（广西桂林市五里店路 9 号 邮政编码：541004
网址：http://www.bbtpress.com）

出版人：黄轩庄

全国新华书店经销

三河市三佳印刷装订有限公司印刷

（河北省三河市杨庄镇杨庄村 邮政编码：065200）

开本：710 mm ×1 000 mm 1/16

印张：12 字数：148 千

2023 年 3 月第 1 版 2023 年 3 月第 1 次印刷

定价：58.00 元

序言

郭彩霞，一名普通的教育工作者。1987年从教，做过小学语文教师、班主任、教务主任、副校长、校长。在两个地区、九所学校，做过多年小学校长，这九所学校有薄弱校，有优质校，有集团化办学，有新建校。在郭彩霞数十年的教育生涯中，她完成了从教师到全国模范教师，从全国模范教师到优秀校长，从引进优秀校长到全国中小学领航名校长的数次蜕变。

作为教师，郭彩霞始终本着“以学生为本”的理念，尊重学生、相信学生、培养学生，创造性地开展教学工作，娴熟地掌握课程标准，灵活驾驭教材，精心构思课堂教学，让每一节课精彩纷呈。她始终坚信：“教师的精彩只是一个平面，只有和千百个学生的精彩拼合在一起，才会散发出如钻石般璀璨的光芒。”任教期间，郭彩霞将教学当作科研来做，得到了社会、家长、学生的认可，所带班级学习氛围浓，多次被评为市级、区级“优秀班集体”，所教学生能力突出，屡次在全国竞赛中获奖。

作为校长，从任校长的第一天起，郭彩霞始终坚守着“注重内涵发展，注重品质修炼，注重形象影响”这一教育理念。在乌海担任两所学校校长期间，无论寒暑风霜，她总是第一个在校园里出现，最后一个离开校园。在她一点一滴地坚守与奉献中，学校不断创造出新的成绩和辉煌。2010年内蒙古自治区鄂尔多斯市东胜区通过人才引进的渠道，将郭彩霞调入东胜区，在多所学校任校长。无论到哪所学校，郭彩霞始终坚信：要想赢得大家的信任，唯有以身作则、率先垂范才能影响和带动教师。要求别人做到的，自己首先做到。从到校到离校，从课堂教学到学生管理……郭彩霞就是在这些细节中规范自己的行为。在她的带动和影响下，她所到的每一所学校的教育教学质量得到显著提升。

2020年，组织安排郭彩霞回到东胜区教育体育局任副局长，从教育一线转做教育行政工作，分管区域基础教育、体卫艺及教育督导工作。作为教育部命名的全国中小学领航名校长，郭彩霞和名校长工作室成员积极响应国家号召，走进四川大凉山，开展为期三个学期的教育扶贫工作，为打赢脱贫攻坚战贡献了自己的力量。同时依托工作室优质资源和平台，在区域内积极探索，守正创新，落实“双减”政策，践行五育并举，融合育人。2022年郭彩霞兼任鄂尔多斯市东胜区第一小学教育集团总校长，在实践集团化办学促进教育公平的工作中，探索出了一系列有效的策略和路径。在这个节点上，郭彩霞将自己三十多年来对教育工作的思考与实践做了一次梳理，结集命名为《我的教育人生》，旨在反思成长得失、总结教训，为教育人生再出发提供借鉴。

《我的教育人生》的内容十分丰富，从教师的教育教学到学校文化创建，从课程建设到家校共建，从学校规划到保障体系建设……涉及学校工作的各个方面。我们从字里行间可以感受到郭彩霞在办学的过程中，始终关注自身的专业成长，用思考与行动践行着一个好校长就是一所好学校的理念。校长如何实现专业成长，在郭彩霞的教育实践和思考中，有以下几点值得探讨。

一是眼中有光芒。一个好校长，是眼中有光的人。面对学校纷繁复杂的工作，创造力是考量校长职业标准的一项重要指标。有创造力的校长，一定是眼中有光的人。郭彩霞认为，校长的创造力体现在解读、收藏、生长三个方面。解读是深刻理解学校的发展历史，读懂学校的人和事。收藏是精心搜集和整理代表学校文化的物件和典型故事及传说，予以保存流传。古人云：“与善人居，如入芝兰之室，久而自芳也。”经典故事及传说已经成为学校精神的一部分，使教师互相濡染，互相传递，并化为教师工作的热情。生长是创新与发展。生长是从解读和收藏开始的。读懂学校的历史，精心收藏优秀的传统和文化，完成这两个过程，已经与学校的发展，与教师的理想愿景融为一体，共同寻找学校新的生长点。这些思想在郭彩霞的书稿体现的办学实践中可见一斑。

二是胸中有静气。一个好校长，是胸中有静气的人。静气是坚守，是执着。校长是专业性很强的职业，要有耐得住寂寞的心态，静下心来，全身心投身教育，实现专业成长，在与时俱进的同时要有教育思想的定力。它不是书本上的思想，不是文件上的思想，而是符合学校实际的思想。只有具备了富有个性的思想，才会有一所富有个性的学校。富有个性的学校才是有生命力的学校。

三是心中有激情。一个好校长，是充满激情的人。激情是对教育的责任感与热情。校长要始终带着激情工作，有干事的冲动，有成功的渴望，不断提出新的奋斗目标。校长的激情感染教师，教师的激情感染学生，校长、教师、学生的激情融汇在一起，学校才能永葆生机与活力。

四是有良好的沟通能力。一个好校长，是有良好沟通能力的人。在沟通中，传播品牌、传播思想、传播善意。传播品牌，树立师生的自豪感；传播思想，征得认同；传播善意，凝聚人心。在良好的沟通中，为学校发展奠定基础。

无论身处哪个岗位，郭彩霞都牢记顾明远先生的话：“我的人生是不断学习的旅程。”我深信，在新的起点上，郭彩霞将在平凡的工作中，不断学习，不断精进，完善教育人生。

2023 年 3 月

目录

CONTENTS

第一章

记忆中的教师节（代序）

又逢教师节。一句词从我的脑海中倏然闪过："春花秋月何时了，往事知多少？"

犹记得，1985 年 9 月 10 日，中国第一个教师节。那时的我还是师范学校的一名新生，踏入师范学校大门不足半月。懵懂中，列队形、喊口号，期盼着 9 月 10 日的到来。那种心情仅仅停留在一个刚刚初中毕业的青年对一种仪式的好奇，并想展示自己的迫切。9 月 10 日终于到了！留在记忆中的那一天，也仅仅是一个过客看到了宏大的场面，满足地从主席台前英姿飒爽地走过，似乎这个节日与自己无关。

犹记得，1988 年 9 月 10 日，从教第二年的教师节。站在区政府演讲台上的我，慷慨陈词。从教整整一年，我初步品尝到了教师职业的苦辣酸甜。酸楚的是："分配的消息下来了，我推着车子，走了十几里的土路，来到一扇锈迹斑驳的校门前，看着一座座陈旧的房屋，望着操场上一堆堆的沙丘，听着呼啸的风声，揉着被沙子打疼的眼睛，鼻子一阵阵发酸。我的马卡连柯似的理想能从这儿长出一片绿洲吗？"苦闷的是："为教会 ɑ 的四声费去了一天的工夫，孩子们的举步不前令我焦虑，彻夜难眠，嗓子因为超负荷工作变得沙哑，发不出声。"甘甜的是："ɑ 的四声从孩子们的小嘴里准确而清晰地发出了，后进生终于有了点滴的进步，讲桌上多了‘老师，辛苦了，记得吃药’的纸条。”演讲结尾处，我激动地喊出：“假如命运允许我选择一百次，我都要选择教师——这是太阳底下最光辉的职业！”评委的分数很高，我为获得了一等奖而沾沾自喜，并没有在意结尾喊出的那句话是来自嘴里，还是发自内心。

犹记得，1998 年 9 月 10 日，从教十年后的教师节。我生病了，人虽然躺在床上，但是我的心在教室里，仍在 56 名学生的身上。我不在他们身边，会不会影响他们的情绪，会不会影响他们的学习成绩……沉甸甸的牵挂在病床前弥漫。突然，胡同里响起了阵阵童声：“郭老师……郭老师……”孩子们只知道我家的大致方向，就在这一片区域呼喊。看到我，他们送给我 56 张精美的卡片。我轻轻地把卡片一张一张地打开，一张张熟悉的小脸便立即呈现在眼前。“老师，我的成绩一定会令您满意，您放心养病吧！”“老师，五年来，您不但教给我们知识，而且还教给我们好多做人的道理，祝您身体健康！”“老师，我将来也要像您一样，做一名教师，祝您早日康复！”读着读着，不知何时，泪水沾湿了卡片……

犹记得，1999 年 9 月 10 日，我与我在师范学校读书时的语文老师赵秀亭老师一起过教师节。赵老师是研究纳兰性德的学者，早在 20 世纪 80 年代，他已经因为纳兰性德研究方面的成果而在学术界小有名气，有人曾这样评价他：“小荷才露尖尖角，早有秀亭立上头。”赵老师在文学方面的造诣很深。一举手，一投足，尽显雅士风度。每当我想起郭沫若先生的《石榴》一文，就仿佛看到赵老师，左手端着书，右手半握着粉笔，圆形眼镜后面那双大大的眼睛，透着睿智的笑意，悠悠地读着课文，表情随着文字变化着，随性、自然，读到“破口大笑起来，露出一口皓齿”时，赵老师笑了，一口洁白的牙齿露出来了，真像石榴的果实。就在这悠悠的朗读中，就在这随性的表情中，我深深地记住了赵老师，更深深地记住了《石榴》。

因为赵老师在研究纳兰性德方面的突出成绩，北京的一家纳兰性德纪念馆邀请他前去工作，所以在 20 世纪 90 年代末，赵老师举家搬到了北京。恰逢 1999 年的教师节，我在北京学习，便跟一个同学去看望赵老师。从北京城区出发，经过近三个小时的车程，在夜幕降临的时候，我们来到了赵老师家。赵老师很激动，让座、倒茶，要领我俩到外面吃饭。我们急着往回赶，匆匆向老师告别。老师从桌上拎起两袋饼干，塞到我俩手里，跟我们一起来到站牌前。暮色笼罩，秋风里，老师缩着手跟我们等车，我们一再劝让，他仍不肯离去。车来了，他看着我俩上车。车启动了，我透过车窗，看到老师在向我们挥手，儒雅的样子，渐渐远去……

犹记得，2001 年 9 月 10 日，第十七个教师节。我被评为全国模范教师，进京接受国家领导人的接见，并代表全国教师在人民大会堂发言。此时的我，没有了第一次参加教师节庆典的期盼，没有了参加演讲比赛时的沾沾自喜，有的是面对 56 张卡片背后孩子们那份真诚的惶恐，有的是面对记忆中赵老师雅士风度的自惭。在人民大会堂发言的那一刻，我知道，教师职业已经与我的人生融在一起。

短信提示音响起。“一支粉笔，两袖微尘，三尺讲台，四季耕耘。您的谆谆教诲，影响了我们一生。郭老师，祝您节日快乐，一生平安！学生苏敏。”看着短信，我的嘴里竟然叨念着：“假如命运允许我选择一百次，我都要选择教师——这是太阳底下最光辉的职业！”我知道，这一定是内心的呼喊！

第二章

初为教师时对新课改的体会

第一节 学校新课改中的几个亮点

成为一名老师后，我一直在思考如何把每一堂课讲好，并为此不断探索和不断总结。回忆执教后经历的新课程改革（后文简称“新课改”）实践，有许多光点始终映照着我的内心。这一个个光点都是一粒粒珍珠，今天，我将这些珍珠穿成项链，献给所有在课改历程中困惑着与幸福着的老师们。

一、教师沟通会

新课改以来，学校每周抽出一小时的时间召开教师沟通会。

“在那些下乡的日子，在与牧民朝夕相处的日子，在雪地里赶着羊群奔跑的日子，我从来没有想到有一天会走上讲台，会面对一双双纯真的眼睛。今天，当我回首那段往事时，我想起了一位伟人说过的话：‘磨难是生活赐给你的最宝贵的财富。’有了这笔财富，我的教学生涯充满精彩。不管遇到什么困难，我都能轻松应对；面对每一个学生，我都难舍真情。因为下乡的那段日子，我得到了许多来自陌生人的爱。”

这段令人动容的表白，是李琳老师在教师沟通会上的真情流露。李老师是学校中老年教师队伍中的一员，他丰富的生活经历是优质的教育资源。在教学人生板块中，他回首往事，真情表白，与同行倾诉生活中的风风雨雨和工作中的酸甜苦辣。像李老师这样的表白，是沟通会的第一个板块——教学人生。

“又勾起我的思念，你的微笑，犹如一汪碧水，偶然发现在沙滩卵石间；犹如一面明镜，映照常春藤一蓬如盖的绿荫，拥抱洁白而静谧的云天。”

“世情薄，人情恶，雨送黄昏花易落。晓风干，泪痕残。欲笺心事，独语斜阑。难，难，难！”

现代诗、散文、唐诗、宋词在会议室内流淌，伴随着舒缓的音乐。朗诵者与听众融入这惬意的氛围中感受诗情画意。繁忙的教学、复杂的班务、嘈杂的童声此刻渐去渐远，心灵中那方属于自己的净土在美文诗韵中渐渐凸现，疲惫的我们找到了精神家园。年轻的、中年的、擅长朗诵的、不擅言辞的老师均跃跃欲试，在彼此营造的轻松氛围中，放松心境，找回自我。这是沟通会的第二个板块——心灵憩园。

“今天的综合实践活动课，我让学生把上星期调查的家谱图画下来。起初，我心中没底，在三班上课时，我做了简单的解释，给学生做了一些示范。比如我想到‘一棵树’的图，于是，我在黑板上给学生演示。学生的思维由此被激活了，在他们的本子上出现了星河图、苹果图、蘑菇图……这节课让我感悟到创造力不是教出来的，而是激发出来的。教师的任务就是要激发学生的创造力。”

新课改带给教师广阔的发展空间，也带来了许多困惑。在前行无路的迷惘中，难免生出一些烦恼与怨言，沟通会成了怨言会、困难会。换个角度思考问题，学校在沟通会上设立了案例共享板块，让每位教师用发展、欣赏的眼光看待自己走过的路，将每一个精彩的教育瞬间讲出来与大家碰撞，撞出新的教育灵感的火花，让每个人找回自信。这是沟通会的第三个板块——案例共享。

“在课程改革中，我感到教师必须合作，教师如何才能合作起来？”

“在课堂教学中，如何关注每个学生的发展状况？”

“外地有没有关于校本课程方面非常精彩的案例呢？”

这些疑问源于无数次的思考，我们将自己的思考分享给大家，让彼此的问号碰撞着，未被发现的资源在不经意间被发掘出来。“我最近在一本杂志上读到关于校本课程的文章……”“我在电视上看到教育名家有许多关于关注孩子发展状况的做法……”报纸、杂志、读书笔记在会场上传阅着，未解决的问题悬在每位教师的心中，将问号拉直变成叹号是每位教师的心愿，拉直的过程就是研究的过程，去研究、去发现是每位教师心中的路。这是沟通会的第四个板块——答疑解惑。

二、挑战课堂常规

投身新课程改革，首先要转变观念。这句话每位教师都耳熟能详。一旦进入实质性的操作，便有许多不适应浮出水面。教师需要解决课堂吵闹的问题。安静是传统课堂教学的命脉，失去了安静，教学将无法进行。适应新课程的课堂教学应该是开放的、平等的、民主的、充满活力的，这些特征都与安静无缘。因此，挑战课堂常规，成为许多教师在新课改中迈出的最艰难也是最关键的一步。

镜头一 这是一节综合实践活动课。课前，老师让同学们做家谱调查，并把调查到的家族情况用图表或文字做成家谱研究报告。课上，老师让同学们将桌子围成一圈，把自己的研究报告摆放在桌子上。同学们在桌子周围阅读着、批改着、摘抄着。有几位同学围着老师在说着什么。老师和同学们笑着、交谈着、记录着。教室里没有了严肃授课的老师，没有了正襟危坐的学生，虽然看似嘈杂、凌乱，但每个人的脸上都写满了对这节课的兴趣。

镜头二 这是一节语文课，内容是学习《美丽的西沙群岛》。学生们在汇报昨天收集到的有关西沙群岛的资料。奇怪的是，每位同学刚讲个开头，老师就让他坐下了。等十几位同学讲完后，老师说："你们对谁的资料感兴趣就去找谁，可以交流，可以摘抄。如果看到特别喜欢的资料，还可以抄写在黑板上。"一时间，班里变得非常热闹，同学们都动了起来，有的在找合作伙伴，有的在大声交流，有的跑到黑板前将资料写下来，还有的踩着桌子趴在墙上的地图上查找着什么……老师乐滋滋地看着他们，也将自己的笔记本打开。安静已在课堂上消失，每位同学都显得那么兴奋。

镜头三 这是一节古诗教学课。课上，学生自由选择合作伙伴，组成十几个研究小组，探讨感兴趣的问题。课堂上异常热闹，学生或坐或立，或手舞足蹈，或争论不休。这节课即将结束时，老师要求每个小组的同学按照自己的理解将诗的意境表现出来。同学们的理解闪烁着创新的火花：有的将诗改写成散文，有的将诗改编成小品，有的将诗改写成现代诗歌，有的将诗谱上曲唱了出来……同学们踊跃展现，跃跃欲试，老师忍俊不禁，喜上眉梢。

镜头四　这是一节艺术课，老师在班里让学生做手影游戏。游戏开始后，老师发现有一些学生在呆坐，赶忙过去询问。原来阳光照不到这些同学的位置，他们无法做手影游戏。老师决定带同学们到操场上这节课。到了操场，老师说："你们可以任意设计手影，只要大家认同，就是最棒的。"学生们对着太阳做手影游戏，欢笑声在操场上荡漾。学生们设计的手影造型千姿百态，比如设计成狐狸、孔雀、两个人在摔跤等。更有趣的是一位同学设计了一个下跪的手影，他在食指和中指的上部画了一个人脸，两根手指一屈，就像一个人在下跪，引来了同学们的围观。每位同学都努力将手影造型设计成独一无二的。创新带给同学们乐趣，在回教室的路上，同学们仍在不停地设计手影。

镜头五　讲台上站着一位同学，正在津津有味地讲着《赠汪伦》一课，老师坐在学生的座位上听着、记着。学生们在课后日记中这样写道："同学讲课能发挥自己的优点，讲课方法多，大家听得很清楚，又能听进去。而老师讲课总是一个样，我们不喜欢听。""以前我以为当老师很轻松，这节课由我当老师，一节课站下来，我感觉非常累。我真想说一声‘老师，为了我们的成长，您辛苦了’！”学生在角色转换后的感受就是这样直白，而恰恰是这种直白的表达，让师生彼此有了更深的理解。讲台与课桌近在咫尺，师生心与心的距离却那么遥远。换个位置，让你我走进彼此的心灵，会发现原来一切并不神秘，教学原本就是这样自然而充满生机的。

一组组镜头闪烁着教师们一个个创新的火花。创新使老师对神圣的课堂有了新的理解：只有在课堂上不再固守传统的师道尊严，只有尊重学生，消除束缚学生的“清规戒律”，课堂才能成为学生心中的课堂。

三、校本课程的魅力

学校要开设校本课程，分为文学、休闲、艺术、小课题研究四大类。同学们可以根据兴趣自由选择。赵文鹃是六年级的学生，平时爱看书，她毫不犹豫地选择了文学类校本课程。两个半月的校本课程给赵文鹃留下了深刻的印象。最让赵文鹃受益的要数“名篇欣赏”板块了。这个板块由一位同学当主持人，还请几位同学当嘉宾，台下的同学可以随便提问，嘉宾要一一解释，最后还要给大家推荐一本好书。文学班里总是充满欢声笑语，大家平等相处，自由发言。赵文鹃说：“文学课给我带来了许多回忆与欢笑，还让我结识了许多好朋友。文学课真让我难忘！”

李泽昊是五年级的学生，他选择了休闲类校本课程。在休闲课上，他有时与同学下下象棋，有时与老师打打乒乓球，既放松心情又锻炼身体。他可盼望着星期一呢！因为到了星期一，又可以上校本课程了。

吕娅飞是四年级的学生，她参加了艺术类校本课程的学习。仅仅两个月的时间，她就学会了剪纸和瓷砖画。听老师讲，今后还要教捻纸绳和手工编织，让每位同学都拥有一双小巧手。快放寒假了，吕娅飞一脸留恋："我还想在学校多待几天。"

田园是三年级的学生，他选择了小课题研究校本课程。因为他就有这方面的爱好，什么事情总要研究研究，非要研究出点儿什么来。在小课题研究班上，他懂得了研究要有毅力，有耐心。于是，他开始研究天体，做出了银河系模型。老师把他做的模型放到资料室展览，他可得意了。

于老师是语文教师，在选择校本课程时，她选择了艺术课，因为她在手工制作和绘画方面有专长。刚开始带校本课程时，她以为学校至少会给一套教材或者制订好的教学计划。没承想，学校下发的文件里只有一份学生名单及授课地点，其他均为空白。面对空白，于老师非常困惑，不知该怎么做。两个半月后，于老师心中有了谱。她发现自己对校本课程越来越感兴趣，一切都是未知，一切都可以探索，新奇永远在前面。校本课程极大地激发了她教学创造的热情。

许多带校本课程的教师都与于老师有同样的感受。校本课程是一块未开垦的处女地，一锄头下去就会有新的发现和新的感受。许多的"第一次"激发着教师的创造欲望。这样的教育实践是鲜活的、充满生命力的，吸引着无数教师为之奉献智慧与力量。

第二节　新课改中教师的作用

在新课改中出现了一些现象，课堂上教师不讲课，完全是学生的活动；教师在课堂上的评价一律都是“好”。这就给人一种印象，似乎在新课改中，教师只起组织的作用，特有的成就感荡然无存。

这样的感觉缘于新旧两种课程理念的碰撞。究其根源，仍旧是师道尊严思想在作用。

“制度课程”下的教师，在课程方案、教学参考书、教材、考试卷等“指挥棒”下，通过讲解、提问、做题，把每堂课安排得满满当当，教学目标得以实现，成就感倍增。

而新课改是教师与学生共同成长的跑道。在这条跑道上，师生都要参与开发与建设课程。教师的发展空间更大了，同时困惑也更多了。这促使教师要更多地从学生的角度去思考问题，如“我设计的活动学生是不是愿意参与”“我设计的问题是否有探究的价值”等。从目前来看，教师与学生还没有度过磨合期。因此，对教师按照自己的想法设计的活动，学生往往没有多大的兴趣，只是茫然地跟着教师走；教师设计的问题，学生早已明了，但教师仍按自己的标准去衡量；学生喜欢参与的活动，教师又总是感到太肤浅，学生没有什么收获，教师找不到成就感。

在新旧理念的碰撞中，有些教师迷失自我，觉得课堂教学中教师的作用被淡化了。从另一个角度来看，这也反映了教师观念的问题：教师还没有实现角色的转变，没有在新课程中找到正确的角色定位。那么，在新课程中，教师的作用在哪里呢？课堂上，教师该做些什么呢？

一、唤起学生的“自我”意识

“同学们，王红回答得对吗？”

“不对！”

“不对吗？”

“对！”

“对？”

“不对！”

这样的问答在课堂中司空见惯。细细分析，这反映了学生的盲从，更深层次则体现了学生没有自我意识。没有思考，信口答来，才有了盲从。盲从的人自我的形象是模糊的。学生从小没有自我意识，任何形式的教育都是“水过地皮湿”。

一位教师在讲授《刻舟求剑》一课时，抛开深邃的寓意不讲，而是赋予寓言新的内涵。

“同学们，掉剑的人到岸边就找不到剑了。这是为什么呢？同学们用铅笔盒做船，铅笔为剑，演示一下。”

演示过后，同学们纷纷发言。

“因为船走了，但剑不会走，所以找不到剑了。”

“怎样才能找到剑呢？”

“当剑一掉下去的时候，马上就跳下去找，才能把剑捞上来。他把这个机会丢掉了，剑就没法捞了。”

“同学们，现在是 2001 年 5 月 10 日下午 4 点 20 分。这个时刻在我们一生中有几次？”

“只有一次。”

"同学们，把《刻舟求剑》与人生的每时每刻只有一次联系起来想一想，你有哪些感悟呢？"

"我们应该抓住每时每刻，好好学习，这样就是抓住机会了。""每一分每一秒过去了就不会再来，我们千万不能浪费时间。"学生的发言就是自我意识的回归。因为有了"自我"，他们才意识到机会是针对每个个体的。这样的小事，教材中到处都有。教师要有一双慧眼，发现并挖掘育人因素，将它的作用发挥到最大。

每位学生都有表现的欲望。如果教师忽视了他，他就会用另外一种方式表现自己，以引起教师的注意。因此，培养学生的自我意识，还需要教师学会察言观色，抓住生活、学习中的小事，将关注的目光投向每一位学生。

一位教师为学生设计了研究主题——调查家族故事，要求学生把家人的纪念品带到学校与大家分享。上课了，教师只注意到学生带来的照片、古老的大褂、三寸金莲鞋，没有注意到坐在最前排的一位男生，只在眼睛的余光中发现他围着一块淡粉色的围巾。快下课了，教师在查看学生做的主题作业时，这个男生用手拽了拽教师的衣襟。教师回过头，只见男生的眼里充满期盼。教师问他有什么事。男生的脸涨得红红的，把脖子上的围巾解下来，说："老师，这块头巾我姥姥围过，我妈妈也围过。"教师这才恍然大悟，马上叫这位同学介绍围巾的故事。介绍完了，这位同学显得很满足。下课了，他又围住教师讲了许多他家族的故事。

教师的每一次发现都是学生成长的机会，而每一次发现都离不开教师的察言观色。在教师的目光中，学生感受到成长的快乐，从而意识到"自我"的存在。

二、为课堂建立规则

新课改带来的变化之一就是教学方式的转变，而这必然带来课堂教学规则的变化，旧的规则（如上课举手，教师批准方可发言；学生正襟危坐，绝对不允许离开座位等）被打破了，新的规则亟待建立，其间教师应该起到关键的引导作用。

如何引导建立课堂规则呢？

在一次综合实践活动课结束后，教师抱着学生的家谱报告正想走出教室，几个学生围上来，要求把报告带回家继续写。教师犹豫了一下，问他们："你们能不能保证在明天上午 8 点以前把作业本放在我的办公桌上？"几个学生都说"能"。于是，教师把作业本交给了他们。

第二天早上，教师发现办公桌上并没有作业本。上午下课前，办公桌上仍没有作业本。直到下午上课前，办公桌上还是没有作业本。

教师来到教室，询问这几位学生，竟然有三人说把研究报告落在家里了。下课了，教师邀请另一个班的几位同学到这个班来介绍自己是如何遵守与教师的约定的。之后，教师宣布："我们每做一件事，都要对自己的行为负责，这就是规则。如果违反了这个规则，你就要为自己的行为付出代价。遵守规则是一个人诚信的体现。"

再如，一位教师发现课堂上师生都没有倾听的习惯。教师发表意见时，听的学生很少；学生发言时，教师有时也在走神，或者没有与学生进行良好的沟通，只是在甄别学生的回答是否符合自己的标准，而不去想学生的回答是否有道理；课堂上听的学生少之又少，大多数都在观察教师，常常慑于教师的脸色而假装一副倾听的样子；对于发言学生表达的意思，学生更是一知半解。整个课堂就在这样的一个怪圈中进行，你不听我的，我不听你的，想听的就是标准答案。

这样的状况是“制度课程”的产物：用统一的标准、统一的要求去规范一个个鲜活的、富有个性的人。其中既包括学生又包括教师，人的创造力、灵性就在这样的规则中一点点地丧失了。

针对这样的状况，教师想在班里建立倾听的规则，就同学生商量这个规则应包括哪些内容。经过大家商讨，共同制定了如下规则：

第一，教师说话时，大家要认真听。若发现有同学违反规则，没有听清教师的意思，其他同学不要提醒。

第二，同学发言时，其他同学要等发言结束后再举手。

第三，同学发言时，教师要认真听，充分尊重学生的意见。学生可以反驳教师的意见。

第四，教师和学生发言时，都要考虑如何才能吸引别人的注意。

师生共同制定的规则，师生共同维护。在共同维护中，规则在形成。

规则不同于纪律，纪律强制性的成分高，而规则从建立到形成，都是人文素养的形成过程。华东师范大学张华博士曾讲：“除了科学，艺术、道德、个人世界、自由的日常交往都是重要的课程资源。这些资源在教学评价上丝毫不亚于科学，而且只有当科学与这些资源整合起来的时候，它才能在走向‘完善的人’的心路历程上贡献积极的力量。”在这样的课程理念下，教师与学生共同建立的新规则也是课程资源。这些课程资源保证学生科学素养的形成。因此，实施新课改的教师，对纪律与规则要有全新的认识，规则也是课程的部分，而不是单纯作为惩戒的手段。在建立规则的过程中，教师与学生共同沐浴着人文教育的阳光。

三、更加艺术地评价学生

有人讲，在新课改的课堂上，教师不敢从负面评价学生，一律机械地用“好”“很好”去评价。有位学生家长告诉我们这样一件事：上课时，两位学生因为铅笔盒的事发生了争执，一位说铅笔盒是另一位弄坏的，另一位拒不承认。教师不做任何评价，依旧上自己的课。结果，一位学生哭了一节课，而另一位学生则得意扬扬地笑了一节课。这节课也许上得很精彩，但对这两个孩子来说，没有了老师的评价，不仅什么都没有听进去，心灵的健康成长也会受到影响。

评价是为了促进学生的全面发展。要取得实效，必须贴近学生实际，并在恰当的时机给出评价。与新课改的目标相匹配，评价也应更加艺术。

一位教师让学生们组成小组，探究几个问题，然后写研究报告。结果教师发现有的同学懒洋洋地趴在桌子上，有的同学东张西望，有的同学写得很起劲。于是，教师在黑板上写下了 3 个词：“海参”“南郭先生”“悟性高”，并对大家说：“我要看看大家谁像海参懒洋洋地蠕动着；谁像南郭先生滥竽充数；谁的悟性高，写的研究报告最出色。”同学们都在笑声中振作起来了。这样的评价在幽默中营造了积极探究的氛围，使每位同学都去寻找最好的位置。

其实，在新课改的课堂上，教师要做的事情还有很多。不过，行文至此，我们已经可以看出，新课改中教师的作用不是被淡化了，而是以另一种形式体现了出来，只是这样的形式还没有被大多数人发现和领会。因此，人们感觉在新课改的课堂上，似乎任何人都可以走上讲台，而实际上，讲台是神圣的，因为它担当着培养人的重任。每一个走上讲台的人都肩负着这样的重任。如果每位教师都有一份厚重的责任感与使命感，那么，神圣的讲台就属于每一位教师。而这正是教育的春天。

第三节 新课改中学生的主体地位

一位记者到学校采访，一位四年级的小学生程式化的语言、小大人似的表情，令记者惊讶不已。记者无奈地对陪同的教师说了这样一句话：“孩子的童真哪儿去了？”

一位教师讲《浪花》，声情并茂，自己仿佛来到了海边，回到了童年，而孩子们却双手捧书，面无表情地盯着她看。教师不解地问：“孩子的童趣哪儿去了？”

教育，能够托起太阳，也能够泯灭希望。课堂教学中划一的思维和表达，自然禁锢了孩子的童真童趣。“教学过程中，教师为主导，学生为主体，教为学服务。”这个原则是每个教师都应该铭记在心的。可是多少年过去了，当我们站在讲台上时，总是不自觉地剥夺着学生应有的地位，用貌似启发思维的分析与提问，割裂着二三百篇传神动情的课文，用教学参考书上的“标准答案”左右着学生的思维，培养了一批会察言观色的“应声虫”，泯灭了孩子的灵性和悟性。

确立学生的主体地位有两层含义：第一，尊重学生的主体地位；第二，唤起学生的主体意识，两者相辅相成。其中尊重学生的主体地位起决定性作用，只有尊重学生的主体地位，才能唤起学生的主体意识。

一、尊重学生的主体地位

综观目前的语文课堂教学，尊重学生主体地位这一理念的落实情况并不理想，其根源主要还是在教师方面。具体有以下几种表现形式：

（一）教师“目中无人”

这是一堂拼音教学课，教师要求学生自学复韵母“ai、ei、ao”，一年级小学生在一阵貌似自学实则玩闹之后，教师要求汇报，结果可想而知。教师一脸无奈：“这些学生怎么回事，教过几遍也记不住。”原来这位教师去外校听课，看到高年级的自学讨论法挺好，就照搬过来。有听课的教师问她：“你们班学生语言表达在什么水平？学生会互相讨论吗？”这位教师一头雾水。

一位教师讲《画鸡蛋》一课时，引导学生用质疑的方法学习。一位学生手举得高高的，叫着：“老师，达·芬奇光练习画鸡蛋，为什么以后什么东西都画得特别像？”这位教师点点头，说：“好，老师记下了，一会儿咱们一起解决。”可是，直到下课，这个问题也没有解决。那位未得到答复的学生毫不遗憾，照样欢呼雀跃。可见，他对此已习以为常了。听课的教师心中却沉甸甸的。童心不可欺呀！照此下去，孩子心中还会有问号吗？

还有的教师在课堂教学中设置许多套子，将教学内容一个一个往里套，殊不知，学生在读过几遍课文后，早已对教师自认为神秘的答案有了谱。面对一个个神态严肃认真、等待教师“抖包袱”的学生，我们真感到讲台上教师的滑稽与尴尬。

教师“目中无人”，主要原因是不了解学生的“最近发展区”，盲目地按照自己的意愿教给学生自认为鲜活的知识。面对如此状况，我们不禁要问：心与心的距离有多远？

（二）不注重实效

有的教师一上课便布置讨论，四年级的学生讨论的问题多达四个，讨论的时间仅五分钟，结果学生一个问题尚没有定论，时间已到，师生又开始探讨另一个问题。五分钟，就从孩子的生命中消失了，孩子有什么收获？

有位教师引导学生理解“眼力”一词，同学们有的说是眼尖，有的说从山下一直看到山上就是眼力，还有的认为是眼睛特别好使。每位同学回答后，教师只是“嗯”，然后接一句：“谁还有答案？”直到最后，教师也未评价是非，一个词语训练就草草收兵了。

每个四十分钟，都是孩子成长的黄金时间，可是在这四十分钟里，有多少问答能使孩子真正有所得，有多少知识是孩子真正需要的呢？浪费时间就是扼杀生命，剥夺孩子宝贵的四十分钟，就是对主体地位的极大侵犯。

（三）不注重引导

一位教师按照教案将《火烧云》一课讲完后，要求学生浏览课文，看有没有不懂的问题。这时一位同学提出了一个问题：“同样是白色，同样在霞光的照射下，为什么此时的云会有不同颜色？”出人意料的提问，不像出自十岁孩子之口。教师马上拿出一张投影片，上面写了一些答案，让学生选择。学生通过比较，选出了正确答案。十岁的孩子不可能只有这一个问题，可教师的任务已完成，何需再考虑学生的需要？这样“尊重”学生的主体地位，说到底，不过是一种点缀。课堂教学不是走过场，心里只有实实在在装着学生，装着他们的需要，才是真正尊重学生的主体地位。

尊重学生的主体地位，将课堂还给学生，需要转变观念，从思想上摆正教师与学生的关系。我们可以从以下几个方面入手：

1. 鼓励学生质疑

今天，我们提倡培养学生的创新精神和能力，恐怕要从培养学生的质疑能力开始。培养学生的质疑能力，看似简单，实则不然。它不是方法、技术上的问题，而是教育观念的问题。因此，教师应该树立教学相长的思想，要放下架子，虚心向教育对象学习，和学生一起探讨。不断丰富和更新自己的知识。

如在设计《全神贯注》一课时，在初读、再读课文并对课文有了大致了解的基础上，进行三个层次的朗读。默读，让学生在静静的思考中质疑。学生在质疑过程中，教师要做到心中有数，根据情况将问题分析、整理、归类，为下一步的“组织解疑”提供依据。这一课，学生提的问题大致分三类。第一类是文章理解的重点。如茨威格说女像很好了，为什么罗丹还认为有毛病？罗丹工作时为什么会有那样的表现？茨威格的话是什么意思？第二类是问题很有价值，但不难理解。如罗丹为什么在女像上搭湿布？改定之后，为什么重新搭湿布？第三类是关于词语的理解。教师对问题分类后，采取不同的方式解决，第二类和第三类采取随机处理的方式解决；第一类问题让学生思考，为解疑做好准备。这样的做法既尊重了学生的主体地位，也解决了“学生围着教师转，教师围着教案转”的问题。学生需要什么，教师就讲什么，学生不需要的，教师则不讲或少讲，达到供求统一、目中有人的境界。

2. 减少教师的活动

在一定时间内，教师的活动必然挤占学生的活动。如果教师的活动使学生有所得，如必要的讲解，这无可厚非。但就目前的课堂教学来看，许多教师的活动无益于学生掌握知识、形成能力。如重复学生的话、讲课时语言组织不精练、带一些习惯性的口语等，这些无谓的活动挤占了学生的活动时间。

要减少教师的活动，需在课堂上创设学生活动的机会。如第一课时，要求学生带着任务初读、再读、三读课文，学生读课文时，教师在行间巡视，及时发现问题、解决问题。解决问题时也尽量做到与学生互动。第二课时要给予学生充分思考、讨论的时间，尽量创设人人发表意见的机会，鼓励学生的求异思维。如一位教师在讲解《全神贯注》一课时，一位同学提出这样一个问题：修改完塑像后，罗丹为什么又把湿布重新搭在塑像上？这位教师刚解决完“罗丹为什么搭湿布”这个问题。起初她认为这是同一个问题，但猛然意识到这是两个层次的问题，于是马上组织学生讨论。经过讨论，学生对罗丹认真的工作态度又有了更深入的了解。

3. 教师心中有杆秤

尊重学生的主体地位，了解学生的“最近发展区”，依据学生的需要，合理设计教学结构及措施。在这一过程中，不能忽视教师的主导作用。忽视了教师的主导作用，尊重学生的主体地位只能是一句空话。这就要求教师站得高、看得远：高到掌握教材体系和编写意图，甚至跳出教材，了解目前学科的发展状况；远到关注学生未来的能力的培养。从高到远，从宏观到微观，做到心中有数。这样在教学中才能做到游刃有余，不至于一放开就被学生牵着鼻子走。

4. 教师需苦练内功，提高调控课堂能力

现在的学生视野开阔、思维活跃，教师要想真正在课堂上做到教好学，首先要不断学习，更新知识结构。

一位一年级的教师让学生从书上了解小动物。第二天，一位同学走上讲台，介绍了牛的种类及牛的祖先，还声称科学家找到了牛祖先的基因，再造原牛。学生一系列的介绍，教师闻所未闻，只好未置可否。

还有一位教师在批阅学生作文《智能学习电脑》时，十分恼火，认为学生满篇胡言乱语，便按照普通电脑的形态进行修改。学生拿到作文后笑了笑，没说什么。第二天，学生拿来了智能学习电脑交给这位教师，教师不禁目瞪口呆。

以上例子说明一本教材、一支粉笔再也不能满足学生的需要了。教师必须树立终身学习的观念，边工作边学习，紧紧跟上时代的步伐。

其次，教师要有较强的应变能力和调控课堂的能力。

一位教师在讲《火烧云》一课时，设计了说话训练的内容，要求学生看着投影片，说说火烧云的形状还像什么。学生说："天上的云像我和吴老师在天上自由自在地游戏。"教师马上说："感谢你把老师送上了九天！"话音一落，同学们哈哈大笑，课堂气氛变得十分活跃。别小看这一句话，它使学生的思维

一下子处于亢奋状态，这是思维训练的最佳时机。教师紧紧抓住这个时机，说：“你们刚才说的画面都是黑白的？”同学们高举的小手如林，有的说：“天空中出现了一把火炬，火焰是金黄色的，正看着，火炬消失了。”教师马上问：“火炬哪去了？”学生接着说：“传到奥运会那儿去了。”学生的思维就在这样的引导下，异常活跃起来，妙语连珠，完全沉浸在美丽的霞光中。

这种能力不是一朝一夕可以提高的，而是通过在课堂教学中逐渐积累，慢慢形成的。有了这样的能力，可以使每个学生都积极参与教学活动的全过程，真正做到以人为本。

二、唤起学生的主体意识

在教学中，学生的主体地位得到保证，学生的主体意识才会逐渐养成。

（一）让学生意识到“自我”

小学是人生启蒙教育阶段，是唤起自我意识的最佳时期。从这时开始，利用一点一滴的小事启迪学生认识“自我”、展现“自我”，逐渐在幼小的心灵树起“我”的形象。

一节语文课上，学生 A 和学生 B 回答完问题，教师让其他学生评价，一位同学说：“A 说得好。”教师让另一位同学评价，他说：“A 说得好。”教师又让另一位同学评价，这位同学认为 B 说得好，讲了许多理由。教师就势引导：“现在你们认为谁说得好？”第一位同学眨眨眼睛，说：“我还是认为 A 说得好，因为他的声音特好听。”教师拍拍他的小脑袋说：“不错，你真有主意！”

教师请一位一年级的小同学解释“疑是地上霜”这句诗的意

思。小同学说："'疑'是指一个人。这句诗是说一个人发现地上有个小偷。"教师笑了说："你的想象力真丰富！你想的跟李白想的不一样。李白怎么想的，请别的同学告诉你。"

别小看这两位教师说的话，它使学生意识到"我"的存在，"我思故我在"，因为思考，才有了千差万别的"我"。从小鼓励学生保持思维的活跃就是对自我意识的最早启蒙。

（二）让学生展现"自我"

小学生好胜心强，精力充沛。教师抓住这个特点，让学生不断展现"自我"，也可以培养学生的主体意识。

有位教师发现这样一个现象，判断某个答案是否正确时，教师问："对不对？"学生答："对！"教师又问："对？"学生又答："不对！"教师又问："不对？"学生不敢回答了。针对这种情况，教师要讲："你是谁？亮出你自己，大胆判断！"

这种渗透于学科及教学中的自我意识的启蒙，让学生刻骨铭心。文学是"人"学，即人性之学。利用每一篇课文，启迪人性，唤醒人性，就是对自我意识的培养。教育无小事，人成长的每一步，离不开自己的感悟，而感悟缘于一件件并不起眼的小事。紧紧抓住这一件件小事，是教育奉献给孩子们的阳光雨露。

尊重主体地位，唤起主体意识，不仅仅是观念问题，更是操作的问题。让我们眼睛向内看，盯着自己的素质；眼睛向外看，想着学生的发展。只有这样，才能真正实现陶行知先生几十年前的期望：解放孩子的头脑，使他能想；解放孩子的眼睛，使他能看；解放孩子的空间，使他能接触大社会、大自然；解放孩子的时间，使他能学习自己想学的东西。

第三章

新教育人的三重境界

朱永新教授引用王国维先生的“治学三境界”，来形容新教育人的三重境界：一重是“昨夜西风凋碧树，独上高楼，望尽天涯路”；二重是“衣带渐宽终不悔，为伊消得人憔悴”；三重是“众里寻他千百度，蓦然回首，那人却在灯火阑珊处”。

回首来路，我与新教育的缘分何尝不是经历了这样的三重境界呢？

第一节　第一重境界

2001 年，那时的我是一个在乌海从教十五年的教师，刚刚被评为全国模范教师，荣幸地出席了全国优秀教师表彰会，并代表全国小学教师在人民大会堂发言。荣誉带给我激情，让我有信心继续在教育这块沃土上做出一番事业。正是在这个时候，在《人民教育》杂志上，我读了朱永新教授的文章——《教育的理想与理想的教育》，心中涌动的教育梦想与激情也在懵懂中再一次被点燃。从此，朱永新教授的名字深深地印在我的心里，案头上常放着先生的著作。

当我走进学校，走进课堂时，常常吟诵着先生的诗句“教育需要激情，需要全身心投入与无私奉献；教育需要诗意，需要洋溢着浪漫主义的情怀；教育需要机智，需要把握每一个转瞬即逝的机遇；教育需要活力，需要以年轻的心跳昂奋地工作；教育需要恒心，需要毫不懈怠地追求与持久探索；激情、诗意、机智、活力、恒心的源头活水是崇高理想”，而“拔剑四顾心茫然”的失落感总是挥之不去，这是理想与现实的落差。当我还是一名教师的时候，这种感觉还不是很强烈。从2002年起，我从事了校长工作，这种感觉开始变得强烈。我先后任职的三所学校在当地都是品牌学校，几代教育工作者都为学校的发展进行了艰苦而卓有成效的探索。德艺双馨的教师队伍、特色鲜明的德育工作、历经十五年蓬勃发展的书法教育和特长教育，让我深刻体验到教育创新的生命活力。我用朱永新教授提出的理想的教师、理想的学生、理想的德育、理想的智育、理想的体育、理想的学校所规划的蓝图设计学校的未来。在实践中，我仍然感受到那份深刻于心的失落感：被异化的教育何时回归纯净的教育之路？明明看到了那丝亮光，却总是感觉遥不可及，那是一种“两间余一卒，荷戟独彷徨”的深刻孤独。难道“教育的理想”与“理想的教育”仅仅是理想的境界而已吗？

第二节 第二重境界

2010年8月，我回到阔别三十载的故乡——美丽的鄂尔多斯，继续从事教育事业。我被分配到东胜区景致小学任校长。

到任的第一天，教育局的贺局长和张书记给我分配了一个任务，让我在学校等候新教育研究院的卢志文院长，他要考察学校。东胜区景致小学是一所新建学校，学校尚在建设当中。我踏着学校泥泞的小路，心中默念着新教育的六大行动，等候卢院长的到来，期许能与新教育专家有更多的语言交流。与卢院长的交流过程中，我深感自己对新教育理解的浅薄，更加敬佩具有高度社会责任感的朱永新教授。朱永新教授作为一名学者，他的理想不是凭借自己的教育理论流芳百世，而是要用它来改变人们的生活。因此，朱永新教授不但进行教育理论的研究，而且开始构思未来教育实践的蓝图，新教育实验就是这样应运而生的。我也更加敬佩从事新教育实验的一班人，他们怀着共同的、崇高的教育理想，投身新教育实验，做着不计报酬的公益事业。卢院长就是其中的一位代表，他经营着一所全国知名的民办学校，可以说已功成名就。但面对教育理想的召唤，他义无反顾，到处奔波，为推动新教育实验而殚精竭虑。与卢院长的交流，也使我第一次把朱永新教授的新教育观念与学校实际联系起来。

同样是 2010 年 8 月，一个让东胜教育人振奋的消息传来：新教育实验研究中心核心成员入驻东胜。他们大多来自秀丽如画、烟波浩渺的江南，在“大漠孤烟直，长河落日圆”的塞外落脚，要经历着怎样纠结的心路历程，也许我永远无从体会，我能够看到的是他们对教育的专注与付出。

景致小学开学了，虽然只有九位教师和六十名学生，但是我看到新教育实验研究中心的坚守，他们给了我力量，让我充满了创业的激情。一个“相约星期二”的日子，我走进了陈美丽老师的课堂，她讲的是一节晨诵课《小秧苗》。在这节课上，当她把孩子做操的照片投放到大屏幕上，与小秧苗的照片作对比时，当她把《小秧苗》的诗句换成孩子的名字时，我感受到了新教育人所追寻的理想课堂的三重境界：教学活动基本框架的落实，知识理解抵达的深度，知识、社会生活与师生生命的深刻共鸣。那一刻，我理解了朱永新教授所倡导的教育就是一种生活方式的理念。无论学校是什么样的规模，对教育理想纯净的追求始终是教育的真谛。

2010 年 9 月在“新教育实验开放周”期间，东胜区各个学校新教育实验的成果展示，体现了新教育从理念到实践的行走方式。从书香校园的打造到构建开放的课程体系，从教师专业成长到晨诵、午读、暮省的课堂，我看到一个立体的新教育实验不但深层次地涵盖学校办学的方方面面，而且有抓手，既能仰望天空，又能脚踏实地。这些有益的探索与实践的背后，是东胜新教育人上下求索的执着，虽苦犹乐。这是怎样的一种境界呢？

第三节　第三重境界

2010 年 12 月，因工作需要，我到东胜区第四小学任校长。东胜区第四小学（简称“四小”）是东胜地区新教育首家实验校。在王蕾蕾校长的引领下，新教育实验落地生根，并与学校“打造书香校园”的办学理念紧密结合起来，实现新教育本土化。

场景一　清晨的校园，值周的学生在自己的岗位上检查同学的行为规范。他们会在手中拿本书，抽出时间，大声诵读几句。值周教师不断提醒，要注意安全，不要把眼睛看坏了。午后的校园，嬉戏打闹的学生很少，学生们大多在班里读书。走廊里设置的图书角，常有学生捧着书，静静地立在墙边阅读。

场景二　陈玉梅老师是五年级的语文教师，从教三十年了。今天她上的是一节整本书阅读课。课上，留给老师们印象最深的就是陈老师对《人鸦》这本书的熟悉程度。因为熟悉，所以整堂课，她几乎不看书，游刃有余地引领学生，每个问题的设计都直切要害，没有华丽的词藻，却真实又真诚地与学生共同融入文本之中。武文华老师从教三十年，每次与她谈起教师生活，她都是笑容满面，说自己收获了很多感动，其中有来自学生给她的感动，有来自家长给她的感动。在她的笑容中，你可以深切地感受到职业带给她的幸福感。她最感骄傲的是将感动自己的事汇集在一起，出版了一本叙事集。苏玉华老师是一位数学老师，为了有效课堂的构筑，她主动请缨，上公开课，接受专家质询。她说："我老了，不怕被否定。"朴实的语言反映了一位老教师的敬业精神。

场景三　吴海燕老师是四年级（7）班的语文老师兼班主任。打开她的导航帖，你会被她的勤奋深深地打动，那些文字凝聚着她对教育事业的挚爱和深度思考。当有人问起她，投入这么大的精力，是否太辛苦时，她总是笑着说："我没觉得苦。"她瘦弱的身体里蕴藏着对教育事业巨大的热情。

场景四　四小灯灭得最晚的办公室中总有韩冬梅老

师的身影。韩老师是东胜区新教育的“老毛虫”，已经从教26年了。她熟练地掌握了信息化技术，在教学中努力实践新教育的理念，在新教育园地不知疲倦地耕耘着。

场景五　王锐和吉木斯是美术老师，她俩开发的课程——“制作蒙古族头饰”在四小已初具规模。与她俩交流，总有一种感动涌上心头。这份感动源于那份纯净的文化传承的意识。这种意识来源于她们对有效课堂三重境界的不懈追求，让孩子们在课程学习中，对传统文化产生浓厚的兴趣。也许她们不会用高深的理论诠释自己的行为，但最简单的往往是最真实的、最美好的。

场景六　突然发现崔永霞校长的白发增多了。为了有效课堂的构筑，她整天泡在课堂里。虽然她经常说自己是悲观主义者，但是谈起课堂、学生时，她眼中突然闪出的光芒，分明让人感受到一个教育人的激情。

朱永新教授说：“一个人的精神发育史实质上是一个人的阅读史。”东胜区四小与新教育结缘，寻找到营造书香校园的有效途径，使学校书香充盈、文化浸润。场景中看到的老师们正是在书香、文化的浸润中，凸显出纯净的教育情怀。

“理想的教育”与“教育的理想”到底在追寻一种怎样的境界呢？在与新教育结缘的三重境界中，我豁然开朗。“蓦然回首，那人却在灯火阑珊处”的“那人”是谁？“那人”就是教育人追寻教育的幸福感受。这种感受来源于教育人对教育怀有的纯净的情怀，而这份情怀是那样朴实、简单。在人心浮躁的环境中，这份情怀我们丢失很久了。寻找回来的情怀就是新教育人上下求索的境界。

第四章

教育实践——景致小学

第一节 学校六年发展规划

一、六年发展的特征与挑战

景致小学是一所新建的学校。它在发展的初期阶段有如下几个特点：第一，新。从表面看，校舍是新的，教师是新的，学生是新的。学校没有过去，只有未来，像一张白纸。第二，融。学校没有过去，要靠管理者、教师、学生和家长共同描绘未来，书写历史。管理者、教师、学生虽然相聚在新学校，但是都有过去，有着不同的教育背景、工作背景、生活背景和不同的价值取向。因此，景致小学在发展的初始阶段，即第一个六年发展规划，首先体现在人文的融合，使管理者、教师、学生和家长有认同感和归属感。第三，长。景致小学六年的发展愿景是今后可持续发展的生长点。六年的发展要为学校奠定扎实的基础，初步形成学校鲜明独特的个性。

景致小学在发展过程中面临如下挑战：第一，生源。新建学校几乎没有什么社会美誉度，多数家长对学校持观望甚至不信任的态度，因此生源是学校六年发展中面临的最大挑战。第二，均衡。鄂尔多斯市将 2010 年确定为“均衡发展年”，教育均衡发展的关键是打造学校特色。作为一所新建学校，如何在短时间内初步形成特色鲜明的办学模式，实现均衡发展，是学校发展面临的又一挑战。第三，形象。新建学校在发展过程中，需要逐渐树立自己的形象。形象的树立，需要学校所有人的共同经营。如果是有发展历史的学校，已经形成的学校文化会潜移默化地影响每一个身处其中的人；而新建学校没有学校文化的影响，要使每个已经有发展背景的人形成共同的价值追求，需要付出更多的努力。

二、六年发展规划

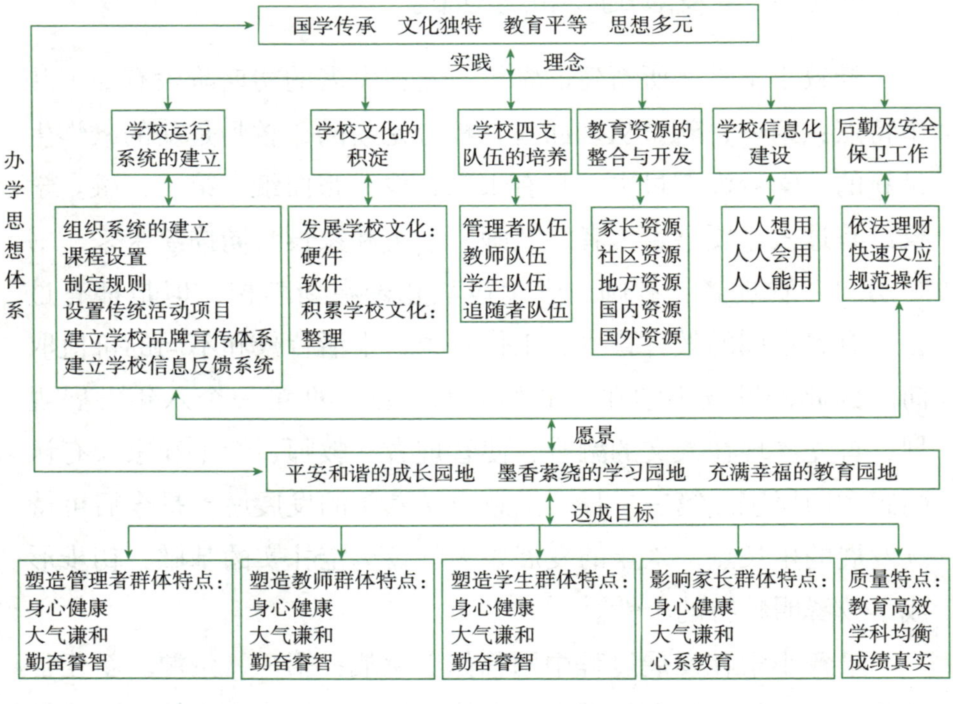

图 1　景致小学六年发展规划（2009—2015）

三、六年发展指导思想和目标

（一）指导思想

以党的教育方针为指导，树立教育服务意识，充分发挥教育功能，满足地区人民的教育需求；树立教育品牌意识，立足学校实际，放眼国内外教育，打造特色鲜明的学校品质，为地区教育均衡出力；树立人文关怀意识，注重调动人的内驱力，全面提升学校的软实力，为人的发展提供服务；树立精细管理意识，秉承“天下大事，必作于细”的原则，在工作中力求精雕细琢，全力提升办学水平。

（二）总目标

本着“国学传承，文化独特，教育平等，思想多元”的办学思想，不懈追求内涵发展，全力提升师生素质，力争在六年内，把景致小学打造成“平安和谐的成长园地，墨香萦绕的学习园地，充满幸福的教育园地”，初步创办一所集浓郁的人文气息、丰富的文化积淀、高质的基础教育、优质的教师队伍、鲜明的办学特色、先进的办学条件于一体的知名学校。

四、重点立项目标及落实策略

（一）学校办学思想体系的形成

1. 学校办学思想体系解读

景致小学的办学思想体系包括办学理念、管理者观、教师观、学生观、家长观和质量观。

（1）办学理念解读。景致小学的办学理念用“国学传承，文化独特，教育平等，思想多元”四个关键词表达。具体内涵如下：

“国学传承”是指引进传统文化元素，以国学教育为背景，丰富师生内涵，提升学校的办学品位。国学教育之品，在于品出人的内在精神气质，在于感受中华优秀传统文化深厚的人文底蕴。师生在浓郁的国学氛围中，潜移默化地受到影响，在不知不觉中打上中国烙印，为中华几千年的文明感到自豪，为自己是中国人感到自豪。同时，形成胸怀宽广、庄重沉稳的品质。

“文化独特”是指学校是文化单位，所谓“一流学校靠文化，二流学校靠管理”。文化是“软实力”，用“软实力”影响人，才能步入“随风潜入夜，润物细无声”的教育境界。景致小学的文化创建分为硬件和软件创建。硬件指学校建筑物、景观带、廊道、展室、教室、办公室、专用教室、墙壁的文化设计等。软件指学校教育和管理观念、行为规范、人际关系、风俗习惯、教育环境和制度以及由此体现出来的学校校风和学校精神。硬件创建和软件创建结合起来，才能形成深层次的学校文化。

“教育平等”有两层含义：一层是从教师角度看，每位教师都有发展专业的权利，都有在职业生涯中寻找幸福的权利。学校应充分尊重教师的权利，为教师的专业成长创设发展的机会。另一层是从学生角度看，每位学生都有发展的潜质，学校要为学生提供多元发展的教育，打造适合学生的教育。

“思想多元”有三层含义：一是学校要开放办学，“请进来，走出去”，两条腿走路，进行思想交流；二是“海纳百川，有容乃大”，学校面对各种教育思潮，应择优汰劣，融会贯通；

三是教师的工作是创造性的，学校应充分尊重教师的教学个性，鼓励教师在教育领域探索，形成独特的教育个性。

（2）管理者观、教师观、学生观和家长观解读。景致小学的管理者观、教师观和学生观都用“身心健康，大气谦和，勤奋睿智”三个关键词表达，以体现共同的价值追求，体现学校的核心价值观。学校所树立的观念，首先应该成为学校全体成员的共识，然后需要将观念变为实践，再演变为每个成员的行动，最终融化在血液中，成为素养。

“身心健康”是指学校的管理者、教师和学生均具备身体和心理健康的基本条件，这是学校最根本的价值追求。“大气谦和”是指学校管理者、教师和学生的做人方式。“勤奋睿智”是指学校管理者、教师和学生的做事方式。这三个关键词互为因果，形成良性循环。

家长观用“身心健康，大气谦和，心系教育”三个关键词表达。家长对于学校来讲是一个特殊的群体，既是监管者，又是受教育者，也是合作方。监管者是指家长是学校的监督方，学校需要满足家长对教育的需求。受教育者是指学校有对家长进行家教辅导的职责，帮助家长理解教育观念，了解前沿的教育动态等。合作方是指教育不是孤立的，学校教育离不开家庭教育，需要家长的密切配合。基于上述认识，景致小学的家长观立足于影响，而非培养。家长通过学校的影响，也形成对“身心健康，大气谦和”的共识，并在实践中加强修养，与孩子共同成长。“心系教育”是体现家长对家校合作者身份的认同。家长通过学校的影响，树立与学校密切配合的意识，促进家校合作步入良性轨道。

（3）质量观解读。景致小学的质量观用“教育高效，学科均衡，成绩真实”三个关键词表达。“教育高效”是指追求高效率的课堂教学和育人效果。“学科均衡”是指学校追求的质量是各学科的质量。“成绩真实”是质量的生命线。学校所追求的质量一定是在真实的状态下取得的，这是对学校质量流程的细致要求。这三个关键词共同表达学校追求质量的根本原则：朴实求真，踏实求实，扎实求深。

学校的办学思想体系是学校发展的灵魂，离不开每个成员的认同，否则，办学思想体系将成为无源之水、无本之木。办学思想体系只有内化为学校每个成员的思想，才能真正成为统领学校发展的灵魂。

2. 落实策略

（1）树立良好的形象。学校管理者，特别是校长要加强自我修炼，提升美誉度。校长是学校的精神领袖，校长的办学思想得到普遍认同，才能得到推行。要想让学校成员认同学校的办学思想体系，校长首先要树立良好的形象。如何树立良好的形象呢？要做到四个词：内涵、静气、激情、风范。

“内涵”指扎实的知识功底、科学的思维方式及开阔的视野。修炼内涵，学习是必需的。“静气”是坚守，是执着。校长是专业性很强的职业，要有耐得住寂寞的心理准备，静下心来，全身心投入教育事业，实现专业成长。“激情”是对教育的责任感与热情。校长要始终带着激情工作，有干事的冲动，有成功的渴望，有奋斗的目标。校长的激情感染教师，教师的激情感染学生，校长、教师、学生的激情融汇在一起，学校才能永葆生机与活力。“风范”是一种人格力量。风范的修炼更重要的是心态的修炼。包容人，团结各种性格的人。包容思想，要善于接纳新的教育理念，在学校营造自由的学术氛围。包容现象，对于学校出现的一些现象，不急于下结论，换一个角度去看待，在合理合规的前提下，只要对事业有利，就允许这种现象的存在。

（2）树立服务意识。营造民主开放的氛围，促进共识达成。校长及环节干部要树立“管理就是服务”的意识，管理就是为教师服务，为学生服务。在实施管理中，学会倾听，在倾听中平等对话，达成共识。建立服务型的管理模式，在学校营造民主开放的氛围，为广开言路、广纳良言奠定基础。

（3）展开学习研讨。通过学习研讨，将思想体系转变为认识。景致小学编制了《学校办学思想体系手册》，发到每位教职员工手中。开展四步走：第一步，校长及环节干部围绕办学思想体系做讲座；第二步，以教研组为单位，研讨《学校办学思想体系手册》并提出建议；第三步，修订《学校办学思想体系手册》；第四步，以轻松活泼的形式，诸如“开心辞典”的形式，举办教研组竞赛活动，依据《学校办学思想体系手册》设计问答题。

（4）完善办学理念。在实践中完善办学思想体系。学校成员在实践的基础上，对学校的办学思想体系提出修改意见，并转化成行动计划。学校办学思想体系在共同参与并带有创造性的实践中获得生长、发展。每年出台一本《学校办学思想体系手册（修订本）》，作者是全体教职工，作为学校校本研修的教材。

（二）学校运行系统的建立

学校办学思想体系的运行，首先需要建立运行系统。运行系统是学校工作的动力系统，有了运行系统，学校的各项工作才能正常运转。

景致小学的运行系统包括组织系统的建立、课程设置、制定规则、设置传统活动项目、建立学校品牌宣传体系和建立学校信息反馈系统。

1. 建立学校运行系统的主要目标

各个系统设置合理，人员职责明确，彼此独立，密切配合，围绕学校办学思想体系这个核心开展工作，保障目标的顺利实现。

2. 落实策略

（1）组织系统的建立。组织系统包括两部分内容，一部分是管理理念，另一部分是机构设置。

管理理念呈金字塔结构，表现的特点是各自独立，相互依存，最终实现一个共同目标，就是金字塔的塔尖。这样的管理理念淡化执行，突出服务和专业成长。校长、副校长、环节干部、教师、学生都有各自的发展空间，管理者在为师生发展提供服务，师生的成长也在促进管理者水平的提高。学校不同于军营，除了必要的执行，更重要的是调动人的内驱力，促进人的主动发展。

落实管理理念要从两方面入手：一是满足人的需要，维护人的尊严。二是为不同岗位的学校成员搭建展示自我的舞台，让每个成员感受到自己的价值。

机构设置体现三个特点：一是人人有事干，二是事事有人管，三是人人有成就。这三个特点体现着学校管理的民主追求。

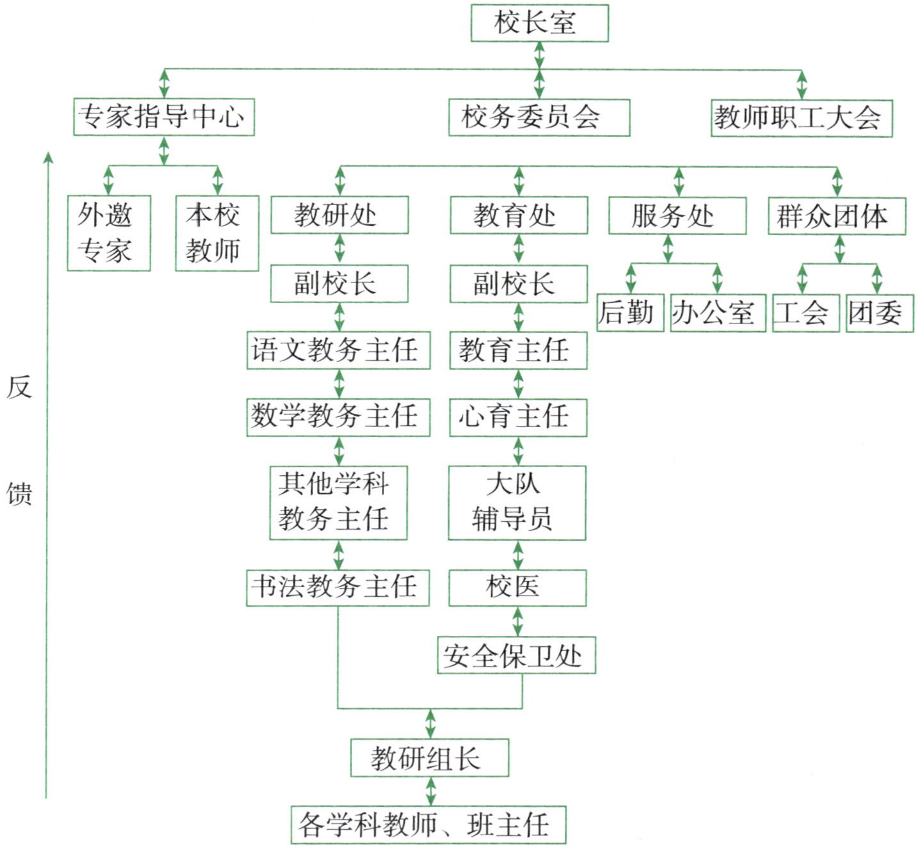

图 2　景致小学机构设置

（2）课程设置。学校课程分三级设置，一是国家级课程，按照国家课程标准设置；二是地方级课程，按照地方标准设置；三是校本课程，需要学校依据自身的优势及学校的特色开发设置。学校计划设置的校本课程应与课外活动结合起来进行，要依据学生的兴趣及教师的潜力开发设置，做到有时间、有地点、有师资、有教材、有展示、有评比、有总结。

（3）制定规则。通过学校成员参与，制定出一整套规范和制度，形成共同遵守的公共规则。制定规则要遵循以下原则：一是合法合规，全体参与，二是措辞人性化，三是反复修改，四是共同遵守。学校制定规则的目的是规范教师的行为，让自觉的教师感觉不到制度的存在，让不自觉的教师处处感到规则的约束，以规则促进人的发展。计划制定的规则有《教职工劳动纪律规则》《教职工工作职责》《教职工行为规范》《备批讲辅考操作规程》《专用教室管理人员职责》《管理人员工作职责》《沟通的规则》。

（4）设置传统活动项目。景致小学传统活动项目的设置分两部分内容，一是依据主管部门的要求必须开展的活动，二是依据学校的办学思想开展的活动。设置传统活动项目的特点是常态化，最终成为学校办学特色的一部分。景致小学计划设置的传统活动项目分为三类。第一类是针对学生的活动项目，内容有：三月“雷锋的足迹”，四月“读书节”，五月“感恩月”，六月“雏鹰艺术周”，七月“夏令营”，九月“感恩月”，十月“雏鹰合唱节”，十一月“平安校园”，十二月“伟人的足迹”。第二类是针对教师的活动项目，内容有：每学期搞四项活动，即青蓝工程研讨课、学校优质课评选、骨干教师示范课、专家型教师讲坛。每月单周教师轮流上公开课，公开课面向全区；双周教师轮流做教学经验介绍，经验介绍也面向全区。第三类是针对管理设置的活动项目，如每学期期中考试后的家长委员会意见征求会、每年年底的教师职工大会等。

（5）建立学校品牌宣传体系。一方面，通过各种机会与媒介传播学校品牌，使学校品牌持续升值，使教师自豪感油然而生。传播学校品牌主要通过角度竞争力实现。角度竞争力，即从不同角度看到的学校的发展优势。景致小学品牌宣传体系由办公室牵头，对内联系教育处与教研处，对外与媒体建立良好广泛的联系，及时宣传学校的动态，树立学校品牌形象。另一方面，通过细致扎实的工作，赢得追随者的信任，培养学校的追随者，通过追随者的口碑树立学校的品牌形象。

（6）建立学校信息反馈系统。景致小学信息反馈系统包括两方面的内容：一是对内的信息反馈系统，校长室与专家指导中心、教育处、教研处、办公室、服务处、工会、团支部的正向信息反馈，同时包括校长室与学校成员的信息反馈，及时发现并排除学校管理工作存在的隐患；二是对外的信息反馈系统，通过门户网站、家长、社会关系获得信息并实现交流，促进学校工作的顺利开展，树立学校良好的形象。

（三）学校文化的积淀

学校是师生的精神家园，校园文化熏陶、影响着师生的文化内涵和发展程度。文化是学校发展的软实力，也是办学追求的永恒主题。

1. 学校文化积淀的主要目标

景致小学以“墨香”为主线，创设校园文化氛围，体现传统与现代、历史与未来的结合，体现“国学传承，文化独特，教育平等，思想多元”的办学思想，形成鲜明的“墨香”学校文化品位。

2. 落实策略

（1）以“墨香”为主线，精心设计并布置校园环境。校园环境文化氛围的创设包括楼宇文化、道路文化、广场文化、花苑文化、廊道文化、办公室文化、教室文化、展室文化、专用教室文化等。在花岗岩板上刻楼名、路名、花苑名、广场名及说明，置于校园各处。另外，将楼宇文化、道路文化、广场文化、花苑文化、廊道文化、办公室文化、教室文化、展室文化、专用教室文化等的内容及说明汇集成册，作为学校的校本教材，加深师生及到访者对学校教育理念和文化追求的理解，增强认同感。

（2）培养教师的文人情怀。学校文化建设的终极目标就是实现教育的最高境界，即用文化影响人、用文化熏陶人、用文化教育人。教师文人情怀的回归，是学校文化建设的首要任务。景致小学营造的校园环境与教师文人情怀的回归形成良性互动，使校园的空气“墨香”萦绕。

（四）管理者队伍的培养

1. 管理者队伍培养的主要目标

管理者队伍培养的主要目标是培养一支身心健康、大气谦和、勤奋睿智的管理者队伍。

2. 落实策略

景致小学管理者队伍培养通过营造氛围、角色定位、专业成长、享受幸福四个层次进行。

（1）营造浓郁的文化氛围，用氛围影响人。氛围的创设包括硬环境和软环境。硬环境指精心设计、布置的校园环境；软环境指学校的管理文化、教研文化，师生的形象气质，人际关系文化，等等。硬环境的创设是以“墨香”为主线，精心设计、布置校园环境；软环境的创设重点是管理文化。学校的管理文化定位是淡化执行，突出服务和专业成长。在文化氛围的创设中，校长承担着三项主要任务：一是规划设计，二是形成共识，三是做好细节。在规划设计好学校整体文化环境之后，校长首先要与学校的其他管理者形成共识，然后在落实过程中做好细节工作。

（2）引领管理者找准角色定位。学校的管理者既要承担教学任务，又要承担学校的管理任务，是双重角色。引领管理者找准角色定位主要从两个方面着手，一方面是明确职责。学校机构设置体现了“人人有事干，事事有人管，人人有成就”的特点，既明确了管理者的职责，又体现了民主管理的理念。另一方面是专业引领。专业引领包括两部分内容：一是学习，培养广泛的阅读兴趣。例如，学校每学期为管理者列出本学期的必读书目，允许管理者在一定额度内自行购买图书，阅读后交到学校图书馆收藏。利用每周一次的环节干部例会时间，开展读书交流活动。在校园网内开通管理者社交平台，交流读书心得等。二是培养科学的思维方式，主要通过开阔视野及养成良好的思考习惯来进行。例如，每学期有针对性地选派管理者到外地学习，开阔眼界；在处理具体事情中，要求做事精细，勤于思考，力求精准。在追求细节的完美中，形成良好的思考习惯。

（3）在管理领域实现专业成长。管理者的专业成长主要包括三个方面：一是引领。学校管理者的一项重要工作是对专业的指导。管理者要对分管的工作实现有效的专业指导，需要在专业方面有所建树。二是沟通。学校管理者的任务是把理念转化为实践，让“手”和“脑”保持一致。要把理念转化为实践，需要做好沟通工作。通过沟通，达成共识；通过沟通，形成策略。三是服务。学校管理就是为教师服务，最大限度地解决教师在工作中遇到的困难和存在的问题，调动教师的工作积极性，促进学校进步，达到管理的目的。

（4）在管理领域享受职业幸福。让管理者在管理领域享受职业幸福，是管理者队伍建设追求的境界。职业幸福通过两个途径来实现：一是搭建平台。通过开办专题论坛、出版专著、课堂观摩等形式，为管理者搭建舞台，展示才华，获得成就感。二是独当一面。学校充分放权，让管理者在分管领域独当一面，让管理者充分实现自我价值，获得认同感。

（五）教师队伍的培养

1. 教师队伍培养的主要目标

培养一支身心健康、大气谦和、勤奋睿智的教师队伍。

2. 落实策略

教师队伍培养通过角色定位、过有尊严的校园生活、专业成长的服务体系三个层次进行。

（1）完成教师的角色定位。教师的角色定位通过两个途径完成：

一是认清教师职业的特点。教师职业的特点可以用“敬、静、清、精、境”五个字来概括。“敬”指教育崇高神圣，需要教师忠诚于教育事业；“静”指学校是象牙塔，工作需要静心、专注；“清”指教师职业不是可以发大财的职业，工作关系简单纯净；“精”指教师职业是追求精神享受的职业；“境”指教师是公众人物，有一定的影响力，教师要有较高的思想境界。引导教师认清职业特点，需要通过与教师沟通和学校文化影响的途径实现。

二是培养教师科学的思维方式。教师首先要做到“扪心三问”：“我是谁？”“我想干什么？”“我准备怎样实现？”“三问”体现“我”的内心需求与现实的冲突，在冲突中，做好选择，说服自己，接受抑或改变现状，最终全身心投入到工作中。其次，懂得与有经验的前辈对话。在工作中，在生活中，在阅读中选择与有经验的前辈对话。

（2）让教师过有尊严的校园生活。教育的本质是引领人们寻找幸福，一个不幸福的人如何能教育出幸福的人？因此，善待教师是基于对生命整体的深层关怀。感受到深层关怀的教师才会在不自觉中将这份关怀传递给学生。让教师过有尊严的校园生活，可以通过三个途径实现：

一是精心创设校园文化氛围。在体现以“墨香”为主线的校园文化的同时，更重要的是体现人文关怀。学校可以利用宽大的露台和宽敞的走廊，开发建设以“享受香茗，享受工作”为主题的“享受吧”，内容包括“健身吧”“读书吧”“品茗吧”“论道吧”。室外用阳光、流水、游鱼、石刻、树竹、花草乃至蔬菜，表达自然的存在；室内用音乐、糕点、茗茶以及精致的摆设，涵养教师的性情。

二是要让教师过有秩序的教育生活。努力营造稳定、平和、有序的教育环境，让教师享受从容与淡定。与教师共同研讨有关课堂教学细节问题，诸如如何备课、如何制定教学目标、讲授时间应该在多少分钟、如何讲新课、课堂上学生的练习时间应该控制在多少分钟、偶发事件应该如何处理、如何留作业、下课后教师做什么、每节课上完后教师要写一句什么话等，将达成的共识进行整理，形成学校课堂教学的要求，大家共同去坚守。不跟风，不动摇，守住古代圣贤的教育常识，守住现代中国教育的经验，守住自己的教学特长，引进国外先进的教学经验，就会逐渐形成自己独特的教学模式，就会在坚守中享受从容和淡定。

三是管理方式民主和谐，注重细节。尊重教师对工作和生活的基本需求，从细节入手，在基本需求中寻找管理的突破口，让教师在细节的关怀中有尊严地成长。

（3）构建教师专业成长的服务体系。一是提供条件，支持教师提升学历，力争在六年后景致小学30%以上的教师达到研究生学历或参加研究生班学习。

二是加强教师基本功训练。教师基本功包括“五功”，即粉笔字、钢笔字、毛笔字、口头语言表达、书面语言表达。“五功”训练要做到训练有方、训练有奖。训练有方指时间、地点、授课人三固定。训练有奖指训练以奖代罚，通过每学期的考评，奖励在基本功训练中表现突出的教师。

三是加强校本培训。校本培训通过营造氛围、专家引领和教师游学三个层次开展。“营造氛围”是指学校营造文化氛围，除了前面谈到的硬件和软件的文化创设，还应注重教师阅读习惯的培养。学校制订读书计划，每学期至少为教师提供一本有价值的教育理论图书和一本文史哲类图书。定期举办教师读书沙龙。推出“教师出书计划”，每个教师都可向学校提出出书申请，学校承担一半的出书费用。除个人出书，学校还鼓励课题组出书、各部门出书。鼓励写书、出书也是督促再学习、再反思、再提高的一项措施。“专家引领”指学校要成立专家指导中心，专家指导中心的成员由特邀的专家和本校的教师组成，本校教师主要是指教研组长。专家指导中心定期举办讲座，定期开展教研组活动，引领教师专业成长。“教师游学”体现“寻”和“展”两个特点。“寻”指学校选派教师到国内和国外学习考察，学习先进的教育教学经验。“展”指教师在学习考察的过程中，也要通过经验介绍、讲课等形式，向所到地区展示学校的教育教学成果。一“寻”一“展”既开阔视野、锻炼队伍，又宣传学校、凝聚人心。

四是建立完善的骨干教师选拔、培养、管理机制。首先，明确各梯队教师骨干培养目标，明确专家指导中心责任分工，明确指导对象目标。其次，进行各层面的“传帮带”活动，依据签订的协议内容进行考评，每学年开展“‘传帮带’汇报活动”。再次，完成每学年的各级骨干推荐、认定工作，走“个人奋斗与集中塑造”结合之路。最后，学校对德才兼备的骨干教师给予政策倾斜，待遇从优的奖励。

五是探索行政管理与课题管理相结合的管理模式，实现课题研究同培养学者型教师群体的有机结合。首先，健全科研网络，完善科研制度，依托大专院校和科研单位，引进高层次课题。其次，在工作中，重管理，规范课题研究过程；精提炼，注重课题成果推广。

六是建立完善的考核评价制度。考核评价制度体现考核促进发展的原则，由各分管领导依据学校的实际情况，在对教师充分调研的基础上，设计考核项目和标准，最终体现“每个人都是重要的”的价值取向。

（六）学生队伍的培养

1. 学生队伍培养的主要目标

培养一支身心健康、大气谦和、勤奋睿智的学生队伍。

2. 落实策略

学生队伍培养主要从学校文化建设、多种形式的质量监控、自护能力的培养、精心设计活动、培养科学的思维方式等几个方面进行。

（1）加强学校文化建设，让“空气养人”。硬件方面，以“墨香”为主线，营造校园文化氛围，体现浓厚的“墨香”文化品位。软件方面，学校管理者、教师都将“身心健康、大气谦和、勤奋睿智”作为培养的目标，与培养学生的目标相一致，三者互相影响，互相促进，最终形成学校的精神。学校将软硬件相结合，用师德带动生德，用教风带动学风，充分发挥隐性课程教育的作用，让学校的每个角落都充满育人的气息。

（2）多种形式的质量监控，保证教育教学质量。学校的质量观是高效、均衡、真实。为保证质量观的顺利实施，首先，采用校控、组控、师控、生控等多种方式，指导和监督课堂教学。其次，严格集中检测制度，加强集中测试中各个环节的监管；再次，通过展示、实践等灵活多样的形式关注体育、艺术、科技课程及校本课程的质量。

（3）自护能力的培养。一是确保行政、教师、学生、家庭、社区德育操作系统畅通，挖掘资源，充分发挥三结合教育网络作用。二是从细节入手，引导学生养成良好的行为习惯。三是加强心理健康教育，充分发挥心理咨询室功能。四是每学期至少举行两次不同主题的应急演练，让学生增强安全意识，学会自护技巧。五是加强多种形式的体能训练，提高学生的身体素质，力争在市、区教育系统各级运动会中名列前茅。

（4）精心设计活动，以活动育人。精心策划贴近学生思想和生活实际，能够给学生留下深刻印象的活动，让学生在活动中健康成长。

（5）培养科学的思维方式。一是拓宽教育空间，使教育更贴近生活。创设实践体验活动，让学生走向社会，走向大自然，在体验和实践中开阔视野，自觉接受教育，培养科学的思维方式。二是氛围影响。通过学校文化品位熏陶和教师潜移默化的影响，引领学生用正确的方式做人做事。三是开发校本课程。校本课程开发重点在书法及科技方面，为学生提供动手动脑的机会，有利于形成科学的思维方式。四是完善学生自主参与的教育机制，包括活动策划征集制、警示标志命名制和劳动岗位认领制。

（七）追随者队伍的培养

追随者指认可学校工作的家长及社会各界人士。培养追随者队伍是学校提高办学水平、树立良好的社会形象的有效途径。

1. 追随者队伍培养的主要目标

学校通过规范、勤奋、细致的工作，赢得追随者的口碑。追随者心系教育，为学校的发展出谋划策，与学校工作良性互动，形成教育合力。

2. 落实策略

（1）成立学校校外评估团。评估团成员由家长及社会各界有影响力的人员组成，每学期组织一次评估，评估的内容由学校与评估团协商确定，评估的结果作为学校改进工作的重要依据。同时，评估团成员不定期参与学校的各项活动并推动相关制度的形成。

（2）办好家长学校。每学期至少对全校家长培训一次。家长学校要做到“三注重”：首先，注重家长学校课程的设置，重点增加学校办学思想课程和解读心理学课程；其次，注重家长学校师资的配备，不仅要邀请知名专家，还要及时发现身边的专业人士，使培训更具有实效性；再次，注重家长学校培训形式的创新，增加展示和互动内容，力争把家长学校办成培养家长队伍、树立学校品牌、赢得各界口碑的特色鲜明的家校互动平台。

（3）拓宽家长会形式。诸如举行专题性家长会、讲座式家长会、展评式家长会、研讨式家长会等形式的家长会，让家长在听、看、参与中受到启发和影响。学校举办以“走进课堂、沐浴亲情”为主题的“家长开放日活动”，家长通过参观校园、观看学生活动、随堂听课、与任课教师交流等方式参与活动。

（4）牢固树立“学校的发展就是我的发展”“我是学校的形象”的意识。通过创建学校文化来熏陶和影响师生，同时高度关注师生在校内外的言行举止，为树立学校品牌做点点滴滴的努力。

（八）教育资源的整合与开发

随着社会的发展，教育工作者需要在一定的价值判断下，系统地归纳、整理、总结和整合社会的科技和人文成果及教育发展的前沿成果，创新教育资源，完成新时代的教育任务。因此，学校应将整合与开发后的教育资源作为重要的课程资源加以利用。

1. 教育资源整合与开发的主要目标

整合与开发校外教育资源，将教育资源作为重要的课程资源加以利用，让资源充分发挥育人作用；使师生视野开阔、思想多元，达到开放办学的目标。

2. 落实策略

整合与开发的教育资源包括家长资源、社区资源、地方资源、国内资源和国外资源。

（1）充分挖掘家长资源，让家长走进校园、走进课堂，参与学校决策与管理。

（2）社区资源从三个方面开发：一是与学校所在社区管理人员建立良好的关系；二是了解社区的环境，比如社区内及周边的单位、企业、有影响力的人物；三是通过社区管理人员与社区内及周边的单位、企业、有影响力的人物建立广泛的联系，定期邀请相关人员到学校做有针对性的讲座，为学校发展出谋划策。

（3）地方资源包括两部分内容：本地文化特色及各学段的质量要求。

开发本地文化特色，首先要了解鄂尔多斯当地的文化特色。鄂尔多斯文化有四大品牌：以成吉思汗陵、鄂尔多斯青铜文化为代表的历史文化品牌；以响沙湾、恩格贝为代表的沙漠文化品牌；以“鄂尔多斯婚礼”为代表的民族歌舞文化品牌；以鄂尔多斯羊绒衫为代表的服饰文化品牌。每一个品牌都有自己的核心思想，每一个品牌都总结概括了极具特色的鄂尔多斯地方文化，它们延续至今，成就了历史与现代并存的鄂尔多斯。学校把这些极具价值的资源信息引入校园文化建设，引入校本课程，引导学生树立起热爱家乡、和谐发展、重视传统文化的价值观。

调研各学段的质量要求。学校充分调研本地区幼儿园、小学、初中、高中、大学各学段的质量要求，依据各学段质量要求，及时调整学校的质量标准与教育方向。

（4）开发国内外教育资源从两方面入手：一是始终关注国内教育发展动态，在稳定本校发展的同时，不断引进先进的做法与策略，结合本校实际，不断调整教育教学方向；二是参加跨国研修，引进国外经验，使教育教学美好和谐、顺畅高效。

（九）学校信息化建设

1. 学校信息化建设的主要目标

学校信息化建设的主要目标是人人想用、人人会用、人人能用。

2. 落实策略

（1）将现代教育信息技术运用于学科教学、教育科研、学校管理中，如教学资源库建设、网上备课、电子校务、电子教务等系统，以及网上查询、网上招生、学籍管理等。改变学生的学习方式、教师的教学方式和干部的管理方式。

（2）创建“无疆”校园。师生可以在学校的任何一台电脑上浏览、查阅互联网上的健康的信息。学校网站建立论坛、谈话等主题栏目，建立教师、学生、家长交流平台，为师生网络学习创造条件。

（3）利用网络促进国际教育交流合作，与国内外学校开展合作学习、合作研究、远程教育、交流办学经验等。

（十）后勤及安全保卫工作

1. 后勤及安全保卫工作的主要目标

依法理财、快速反应、规范操作。

2. 落实策略

（1）坚持依法理财，开源节流，合理分配，扩大资金投入效益的原则。明确三个重点投资方向，即现代化装备、学校文化建设、教师和学生队伍建设，保证重点，提高效益。

（2）编制学校后勤工作关键业务规范操作流程，提高学校后勤工作的规范化水平。

（3）加强学校安全保卫工作，建立快速反应机制，健全各种安全工作预案，提高技术防范水平，确保不出安全问题。

新建学校面临许多机遇和挑战，规划带有些许理想色彩，但从事教育事业的人，如果没有理想，就如同鸟儿断了翅膀，无法振翅高飞。有理想，才有激情，才有创造，才有智慧，才有发展。我们将坚守理想，脚踏实地，在点点滴滴的努力中，将规划变为现实，将学校办成知名的品牌学校。

第二节　“一个”和“八个”

景致小学位于东胜区铁西二期开发区，周围环境优美，有许多拔地而起的住宅楼，还有一些区域正在开发。学校的北面有两个城中公园，离学校较近的公园，绿树掩映，八角凉亭翘首而立；较远的公园依地势而建，山水绿树相互映衬，草原歌曲萦绕上空，让人感到心旷神怡。

我是第一个来到景致小学的景致人。当时学校尚在建设当中，操场、绿地仍在规划图中静静地等待。每天我辗转来到景致小学，感受景致小学逐渐从图中走出来，成为现实中的好景致，这种感觉真好！充盈在我心中的是希望，是期待，更是蓄势待发的创业激情。

临近开学，我的手中多了一份教师名单——八位教师，脑海中忽然浮现出一部电影的名字——《一个和八个》。电影的情节我已然淡忘，却无由头地对这个名字产生了兴趣。一个校长和八个教师将共同开始书写景致小学的第一篇章。景致小学好像一张白纸，静静地等待着蓝图的描绘，我们诚惶诚恐，生怕画不好每一笔。

第一次开全体教师会，大家忍俊不禁，“一个”和“八个”也要有开会的肃穆与庄重，照相、笔记本、自我介绍，一个都不能少！要在“一个”和“八个”中找到气场，聚集人气，这是我们首先要做的事情。

从开学典礼的策划到开学的家长学校的开班，无论人数增加到多少，我们都认真做好每件事，在点点滴滴的积累中，看着景致小学成长与壮大。

一、我的精致校园生活

景致小学的“景致”留给我很多思考的空间，思考如何将教育做得更细。小班的景致要以什么形象示人？往细想，再往细想。小班的景致首先体现精致：精致的文化设计，体现对人的关怀，如卫生间的盆花摆放、引导学生行为规范的彩图设计、弥散的香味儿等；精致的活动设计，如升旗仪式中学生的才艺展示、学生的主持、学生的演讲、老师的班级故事、家长的家庭故事、景致一周的成长等；精致的课堂教学，如学生语言表达的训练，从大胆表达自己的想法开始，到口头作文训练；精致的教师培养，如通过学习琴棋书画涵养气质、设计课堂中的一段话、每人学习一样乐器等。

精致的细节推进，使走进景致小学的人直观地感受到学生语言表达雅致，教师气质雅致，而且人人都讲普通话。“景致”的含义是精细和有品位，细节决定品位，品位体现在细节之中。

景致小学做精致的教育，将学校的办学理念体现在点点滴滴中，而且从一开始就不松懈。

早上，我从公交车下来，匆匆向学校的方向走去，学校鲜艳的色彩就在眼前。一辆黑色轿车在离我不远的地方停了下来，一只小手从摇下的车窗里伸出来，传来清脆略带羞涩的声音：“校长，上来吧。”顺着声音，我透过车窗看到带着真诚笑容的父女俩。我指指不远处的学校，冲父女俩摆摆手。车缓缓地开走了。望着渐渐远去的轿车，一丝温暖涌上我的心头。我的步履更坚定了，决心做精致的教育，回报每个景致人。

之前在乌海的同事打来电话，打趣着我的小班生活。如果在前几天，我会很纠结，但如今我很坦然，因为我知道我的小班生活“别有一番滋味在心头”。景致小学做精致的教育，要体现在每个人身上。精致的校长生活，精致的教师生活，学校的办学理念需要通过精致的教育来实现。

我坚守，“一个”和“八个”要让学生接受规范的、精致的教育。

二、我的心变得柔软了

上午听课时，两个孩子让我感动。一个孩子写字总是不好看，他一直默默地用力写着；另一个孩子低头学习，不跟着老师走。我走到写字不好的孩子旁边，发现他的握笔姿势不对。我一边教他，一边做着示范。他特别用心地写着，效果越来越好。直到下课，我见他依然在努力地写着，周围的一切丝毫影响不了他。看着他，我的心变得柔软了。

我又走到低头学习的孩子的旁边，本想阻止他的行为，没想到这个孩子急切地把作业本递给我看。“老师，看我写得好看吗？”他的字母写得特别不规范，我让他再写给我看，只见他用手握着铅笔，用尽力气在本上写着。我一边给他纠正写字姿势，一边让他不要太用力。他边写边强调着：“我没有用力。”虽然养成的习惯改起来很难，但是他还是努力地改着，不停地问我“这个写得行吗”，期待着成功。望着他努力的样子，我的心变得柔软了。难道兴趣不是最好的老师吗？

家长的真诚与实在也让我的心变得柔软了。在家长会上，我对家长说，如果认识书法界人士，给我推荐一下。一天放学后，一位家长怀里抱着一个孩子、手里领着一个孩子，来到我的办公室，向我推荐了两位当地书法名家，并允诺要给学校赠送书法作品。几天后，这位家长果然怀里抱着一个孩子、手里领着一个孩子，拿着书法作品来了。我不知道，一路上她是怎么过来的。我从窗户看到她急匆匆地向办公室跑来，慌忙出去将她迎进来。她一边向我介绍作品，一边哄着怀里的孩子。介绍完后，她不待我说一句感谢的话，就急匆匆地向教室方向跑去，去追她的另一个孩子，一边跑一边喊：“孩子，别跑了。”望着她急匆匆的身影，感动之情从我的心底升起，我的心变得柔软了。

三、我的梦想

在万佳小学的教师节联欢会上，我说过一句话：“我们有一个梦，希望有一天我们景致小学也邀请兄弟学校参加我们的教师节联欢会。那一天一定是景致小学发展壮大的一天。”

如今，我与学校总会计任老师计算学校的预算缺口时，心里感触颇深。师生不足百人的学校需要政府投入百万元，我们如果连六十个孩子都教不好，如何向政府交代？如何向家长和社会交代？

每天，我也在纠结，是否要求太高了、标准太高了，但每当我想到那个梦，想到那些投入，我就义无反顾，因为我们没有退路，我们已经上到这么高的平台。这个平台不是我们自己搭建的，是社会的期望搭建的，我们只有前行。

我们在前行的过程中，会遇到痛楚和不解，但那只是阵痛，阵痛过后是烈火中的重生，是新我的成长。让我们迎接景致小学的艳阳天！

四、教育开放周

教育最直接的体现是对人性的尊重。那些被忽视的触动人心的细节是教育的真谛，是教育的原点。我们的课本中能不能挖掘出人性的光辉？抑或在教学的过程中，能不能关注人性所展现的细节？

语文教师于老师认为理想课堂的构建应该是学校需要做的重点工作，这一观念坚定了我对精致课堂的打造。什么是精致课堂？精致课堂的标准是节奏和教师作用的发挥。其中学生语言表达能力的培养应该是首要任务，需要引进朱永新教授的观点：利用课堂教学培养学生的价值观的方法，研究如何与课堂教学相融合的渠道，实现教师与学生的共鸣。

五、习字感受

什么是习字时的静气？是投入时的专注。习字时专注什么？专注笔的把握，专注气息的运用，专注线条的优美与流畅，专注自然的状态。静能生慧。生什么慧？生做人的智慧，即遇事专注，采用平和、多沟通交流的协调方式。

习字时谈感受是一种很好的训练方式，能在谈论中加深对习字的感悟。过去听范增说绘画与习字要与自然之气相通，觉得难以理解。近期练字时突然有所感悟，原来字的线条最自然的状态，应该是最美的。自然万物最自然的状态就是万物最美的状态。

六、两节品德课

上午，我上了两节品德课。上课时，我感觉到理想与现实、理论与实践的距离。上每一节课，我们都应该精心准备，全心投入，细心品味。在二班上品德课时，我上得索然无味，反思原因，源自对教材的把握不够，让学生说图、讲故事，结果导致课堂秩序混乱，教学任务也没有完成，整堂课上得很郁闷。后来在一班上课的时候，我改变了教学方法，从学生的角度出发，将问题简单化、生活化。例如我提出问题："爸爸妈妈都希望同学们放学后平平安安回家，他们最担心你们在路上遇到哪些问题呢？我们怎样做，才能避免这些问题呢？"然后，我让学生根据情境，编排小品。学生非常感兴趣，课堂气氛很好。

两堂课对比，我有如下感受：第一，品德课是培养价值观的课程，要想通过品德课培养学生的价值观，应该首先找到学生的价值观现状，发现其与正确的价值观的距离，寻找解决的途径。第二，可以开展多种形式的教学活动，例如表演小情景剧、设置体验活动等。第三，教师对自己情绪的控制是关键因素，控制情绪的关键是不受干扰。

七、我们在努力

屋子暗下来了，教师们还在忙碌着，有的在打扫档案室，有的在备课。我们打扫档案室的，笑称自己是“蓝领”，干的是体力活儿和技术活儿；备课的教师过来要与我们一起打扫卫生，我们没有同意，让他们好好备课，去干“白领”的活儿。刘老师实实在在地做着自己的工作，精心挑选着照片，永远都是一丝不苟，永远都是默默无语。崔老师来了，要与我一起备明天的课，我们精心设计每一句课堂用语。时间不知不觉地流淌着，当我从学校走出时，崔老师仍在办公桌前，专注地练习着课堂语言，钱老师和孙老师在电脑前冥思。我们在努力着……

八、“课件教师”

崔老师的音乐课，让我忍俊不禁。作为一名年轻的教师，熟练运用电脑技术是崔老师的特长。整堂课崔老师上得很轻松，所有的讲课内容都做成了课件，只需轻点鼠标即可，既方便快捷，又生动有趣，很受同学的欢迎。我笑称，崔老师请了一位“课件教师”替自己上课。

九、孔子对我的启发

“老者安之，朋友信之，少者怀之。”孔子的三句话让我想起现代的一句名言：“你的存在不要让别人感到不舒服。”由此，我想到现在的我首要做的是淡化自己的存在，让别人感到舒服。这应该是做人的智慧。但是要让学校的成绩突出，需要做的就是突出教师——在任何场合都去突出教师。

十、我们的舞蹈比赛

教育局要举办舞蹈比赛，景致小学虽然只有六十名学生，但是也要积极参与。从找指导老师到定制服装，我们面临人手不够、资金不足……但我们齐心协力，克服困难，完成了各项任务。我们以学校的校徽和校训为特色策划节目，突出树的主题。崔老师和于老师抓紧行动起来，经过两天的排练，节目已经有点儿模样了。我到景致小学工作最大的收获就是工作的激情。想到我的路，我的心总是被感动包围着。

十一、说教材

说教材的学习会，教师们做了充分的准备。崔老师和孙老师的讲述最有特色，非常用心。之前进行教材学习质量分析时，崔老师只说了一句话，可在这次教材学习会上，居然一直说到下班，都超时了。我看到了崔老师的心劲，此才可塑也！我看到了景致小学的希望。

点点滴滴的片段，定格成一个个难忘的瞬间。如今，景致小学已更名为正东小学。现任贺校长意气风发。门前的那片好景致，依然葱茏，且更增添了成熟与刚毅。我远远地看着它，一个个瞬间幻化成最美的风景，成为心底最珍贵的记忆。

人面不知何处去，桃花依然在柴扉寂寂处……

第五章

教育实践——东胜四小

第一节 学校文化建设与管理规划

一、基本认识

开展学校文化建设，首先要明确什么是学校文化，教育专家对此有很多解释。我认为，著名教育家梅贻琦的解释最为形象：“学校犹水也，师生犹鱼也，其行动犹游泳也。大鱼前导，小鱼尾随，是从游也。从游既久，其濡染观摩之效，自不求而至，不为而成。”“学校之水”，即学校文化。高品质的学校文化是师生体格发展和人格陶冶的重要力量，其核心是培养人形成科学的思维方式。建设高品质的学校文化，是办学的最高境界。

建设高品质的学校文化需要三个要素。

一是“主观文化”。“主观文化”可以说是校长心中的学校文化。校长依据学校的实际，提出学校的办学思想和奋斗目标。“主观文化”是学校内涵发展的主要环节，这个环节需要把握好度。这个度主要体现在对学校办学思想和奋斗目标的把握要精准，不能头脑一热，突发奇想，或是抄袭照搬。“主观文化”的建设要有科学的步骤，即调研——整理——研讨——形成。“主观文化”的度若把握不好，会步入“寡人文化”的歧途，最终成为个人意志，与学校文化的打造背道而驰。

二是“表面文化”。学校文化的建设需要适当造势。例如：廊道、办公室、教室、功能室、校园的布置；学校各种活动的策划与组织。“表面文化”是学校文化的重要组成部分，要注重突出造势，在氛围中达到宣传和认同的目的。造势要注重三点：一是精心设计。氛围的创设要突出“精心”二字，独具匠心，注重细节；二是融会贯通。氛围的创设不是独立存在的，而是与学校的办学思想紧密联系在一起的，是为学校的办学思想服务的；注意是造势，而不是作秀。三是注重实效。氛围的创设要以人为本。例如学校的廊道文化，每一幅图片具有什么含义，师生要懂，要有个体的真实感受。这样，“表面文化”营造的氛围才能产生效果。表面文化才能成为学校文化建设的助推器。

三是“真文化”。“真文化”是学校文化在师生身上的具体体现。看一个学校有没有文化，就去班里听一节课。这节课上，师生的行为方式就是学校文化的具体体现。“真文化”是学校文化的最高境界。“真文化”的形成不是一朝一夕之功，而是长期积累之果。它的表现形式是科学的价值观与言行的一致，用简单的语言表述，即说到做到。

形成了这样的“学校之水”，才能实现“濡染观摩之效”，才能“自不求而至，不为而成”。

二、十年发展

东胜四小于 1988 年建校，最初是一所位于城乡接合部师资薄弱的学校。伴随着鄂尔多斯市经济发展的步伐，学校经过十年的发展，成为一所在鄂尔多斯市有一定影响力的学校。学校这十年的快速发展，既得益于地区经济发展，也有办学条件得到改善的因素，更为重要的是学校的自我发展能力获得了极大的提升。例如，学校的标识系统建设很具有特色。从校徽、校旗、校服到廊道标识牌匾，从信纸、信笺到教学楼外观设计，成为一个整体，主色调选择红色，意蕴“迎着太阳，蓬勃向上”。

四小的自我发展能力的提升主要体现在三个方面。第一，确定了学校的办学目标，即“五个打造”：打造和谐校园，让校园处处充满爱心；打造文明校园，让文明成为一种自然；打造书香校园，让读书成为一种习惯；打造学习型校园，让学习成为一种生活方式；打造研究型校园，让教育教学研究成为一种工作状态。其中，打造书香校园的效果最为明显。第二，学校环境建设初见成效。廊道、班级、功能室文化特色鲜明。第三，注重课题研究，提升教学质量。学校先后开展的小学英语项目、教师学习与发展共同体项目等活动，新教育实验等课题实验在地区产生较大影响，取得了较好的效果。

上述进步的取得，靠的是四小全校教师积极主动、尽心尽力的敬业精神。这种敬业精神也为学校带来了荣誉。2006 年，学校被评为“全国师德建设先进集体”。教师的敬业精神是学校宝贵的精神财富。

三、准确定位

四小学校文化建设的发展方向是：书香墨韵，和谐并进。

“书香”是让学校形成一种爱读书的氛围，使学生自觉地爱读书、读好书；“墨韵”是指开发书法资源，为发展书法教育搭建平台，发挥书法教育的独特韵味，为学校文化增加内涵。“和谐”有两层含义：一是“书香”“墨韵”相互融合；二是学校内关系顺畅，增强凝聚力。“并进”也有两层含义：一是“书香”“墨韵”两条文化主线相互影响，共同促进；二是师生、家长是参与学校文化建设的主体，既是学校文化的建设者，又是学校文化的践行者。围绕“书香墨韵，和谐并进”，确定一个目标：“读好书，写好字，做好人”。“做好人”是指要做健康、儒雅、勤奋的人。“做好人”是核心。

“健康”是指学校师生身体和心理健康，这是学校最根本的价值追求。要解释“健康”的含义，首先要弄清一个问题：教育的目的是什么？“不要让孩子输在起跑线上”“成就精彩人生”“考个名牌大学”“将来有个好工作”……这些答案显现着功利性与现实性，而忽略了教育的真正目的。教育的真正目的是让受教育者学会如何去追求幸福，而追求幸福的前提条件就是身心健康。因此，学校有责任、有义务保障师生的身心健康。

“儒雅”是指学校师生大气、谦和的气度修养。“大气”是指视野和心胸开阔，不斤斤计较。把这种做人的方式融入教育教学中，就是办大气的教育，做大气的教师，育大气的学生。“谦和”是指为人谦虚随和，保持平常心，这是中国传统文化的集中体现。“儒雅”旨在培养师生成为拥有国学情怀、具有国际视野的现代中国人。

“勤奋”是指学校师生的做事方式。“勤奋”指的是做事的态度，也是中华民族的传统美德。积极的做事态度是取得成功的关键因素。

四、学校文化建设进程

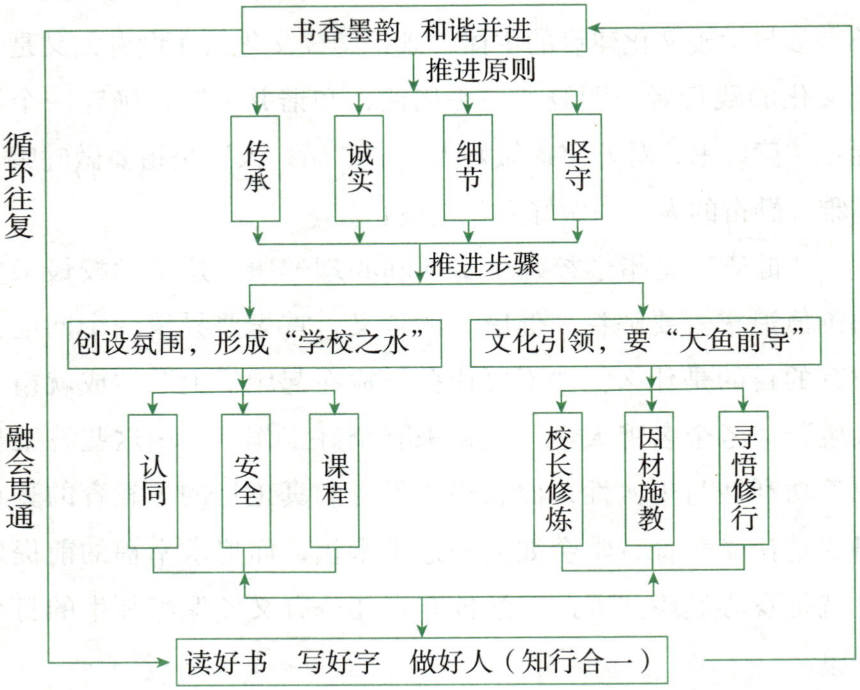

图 3 东胜四小校园文化建设进程示意图

五、学校文化建设进程解读

（一）推进原则

四小在文化建设过程中，遵循了以下原则：

1. 传承

重视历史并不是为了炫耀历史，而是从历史中找到文化的源流。历史资源是学校文化的主要组成部分，在推进学校文化建设的过程中，坚持传承的原则，主要目的是根据学校的历史资源，在传承的基础上创新，使学校在传承与创新的发展中不断获得文化积淀。

2. 诚实

学校的核心价值观就是践行对政府、社会、教师、家长、学生的承诺，将承诺一点一点地变为现实。否则，学校将失去信用，而一所失去信用的学校，何谈文化？因此，诚实是学校文化建设的底线。

3. 细节

学校文化体现的是学校的核心价值观，这种体现是在点点滴滴中显现的，是在师生的思想和行为中显现的。学校文化建设需要从学校的琐碎小事抓起。抓学校的琐碎小事，就是注重细节工作。在琐碎中，形成思想；在琐碎中，化为行动。

4. 坚守

梅贻琦先生对学校文化的描述中有两个关键词："从游"和"从游既久"。这两个关键词道出了学校文化是需要长期积累，濡染观摩，不求而至，不为而成。"濡染观摩"体现的是坚守：对学校价值观的坚守，才有"濡染"之效；对自身历练的坚守，才有"观摩"之效。一所学校丧失了对核心价值观的坚守，学校文化将是无源之水、无本之木。

（二）推进步骤

学校文化建设，首先需要高品质的"学校之水"，其次是

“大鱼前导”。

1. 创设氛围，形成“学校之水”

高品质的“学校之水”，就是学校良好的文化氛围。良好的文化氛围不是水中望月、雾里看花，而是通过看得见、摸得着的工作，最终形成每个人可以在其中畅游的“学校之水”。“学校之水”主要通过三个步骤形成。

（1）教师和家长在共同参与学校文化建设的过程中逐步认同学校的特色文化。“书香墨韵，和谐并进”这一文化发展方向的提出，经过了梳理、整合、提炼三个阶段。梳理阶段，由工会牵头，设计表格，表格分“学校的优秀传统”和“期望改进的工作”两个栏目，由教师和家长填写。“学校的优秀传统”主要是梳理学校的发展历程，“期望改进的工作”主要是寻找学校文化新的生长点。通过对“学校的优秀传统”的梳理，整理出了学校发展进程中的四大亮点：书香校园、特色德育、校本课程、课题研究。对“期望改进的工作”，教师和家长认为书法教育有潜力可挖，并提出了很多务实的建议。整合阶段，学校将两大部分调查结果进行整合，初步提出学校文化建设的两大抓手，即“书香”和“墨韵”。工会将整合结果展示给教研组及家长委员会成员，进行讨论，征求意见。在讨论中，教师及家长委员会成员对整合结果有了更深层次的认识。在此基础上，学校领导提炼出学校文化特色——“书香墨韵，和谐并进”，并得到教师和家长的普遍认同。

学校围绕“书香墨韵，和谐并进”这一特色文化建设，将校园文化的创设分为大厅文化、廊道文化、天井文化、功能室文化和庭院文化五类。大厅中用浮雕的方式来体现最能代表传统文化的元素。共分为两组，一组是北京猿人、甲骨文、彩陶、青铜器；另一组是湖笔、徽墨、宣纸、端砚。这些传统文化元素与大厅主题墙壁上著名书法家冯印强题写的“书香墨韵，和谐并进”遥相呼应。廊道文化分别以“无字的书”“有字的书”“中国书画”“航天科技”为主题，将中国传统文化和现代科技中最有代表性的内容相结合，以木刻、剪纸、版画等艺术形式呈现出来。四层廊道的设计以开放的展馆方式呈现。天井文化由两部分组成，一部分是用青石制作的造景墙，表现的主题是中国的传统文化；另一部分是以《兰亭集序》中的“流觞曲水”“少长咸集”“群贤毕至”为核心的景观设计，这些景观一则再现了《兰亭集序》中的意境，二则“少长咸集”“群贤毕至”体现的风貌与学校的育人目标吻合，营造出学校浓郁的育人文化氛围。功能室文化最有代表性的是阅览室、水墨斋工作室、格日勒工作室、阿丽雅舞蹈工作室和校史馆。庭院文化由“两园两苑”组成，即书香园、墨韵园、兰亭苑、童趣苑。学校整体文化设计浑然一体，紧扣主题——“书香墨韵，和谐并进”。

上述五类显性文化设计工作，其中的大厅、廊道、天井文化设计由德育处牵头完成；功能室文化设计由美术组牵头，与各功能室负责人合作完成；庭院文化由水墨斋工作室牵头完成。设计方案初步定稿后，学校邀请家长委员会成员针对方案提出修改意见，各牵头部门再进行修改，最后交由专业人员审核通过。经过反复修改的设计方案更加贴近实际，更易于与人互动。可以说，整个设计的过程也是对学校文化特色深刻理解与认同的过程。

学校还通过对教师、学生、家长的三级培训，建立评价体系，增强了认同感和凝聚力，从而推进特色文化建设工作。比如，针对教师的培训分集中培训与分散培训两种形式。集中培训是在每一次全体教师大会上进行系统培训。分散培训则是注重日常与教师的沟通内容，突出学校的文化特色。针对学生的培训，主要利用每周一的升旗仪式，结合国旗下的演讲，有针对性地影响学生。针对家长的培训，是紧紧围绕学校的文化特色，将内容具体化，紧扣“如何培养孩子的读书习惯”“如何指导孩子正确书写”等内容展开。整个评价体系是紧紧围绕学校文化建设进行的，充分发挥了评价的导向作用，引领教师、学生和家长将学校文化建设与自身的工作、学习和生活紧密结合起来，用每个人的行动推进学校文化的建设。

（2）安全是形成“学校之水”的主要部分，安全得到保障，才能有利于学校文化的建设，师生才能享受平静、从容、幸福的教育生活。

四小的校园安全主要通过两种方式实现：

第一，让师生过有秩序的校园生活。学校努力营造一种稳定、平和、有序的教学环境，让师生享受从容与淡定。

第二，引导正向信息。学校无论大小，都有正面和负面的信息反馈，如何实现信息的正向引导，让正向信息占据学校信息流的主阵地，需要做好以下几方面的工作。一是学校领导正向示人。学校领导做人是正直的、真诚的，体现在能处理好管理与教师之间的关系，具有准确辨别正向信息与负向信息的能力。这个过程是学校领导自我修炼的过程。二是确定好正向信息和负向信息，引导时采取的方式要正确，有时需要棒喝，有时需要委婉。最根本的是要让团队成员彼此尊重与信任，而尊重与信任的主要途径是塑造每个人的德行。每个人的德行汇聚成学校的德行，正向信息在不知不觉中日益增加。三是变负为正。从负面信息中可以找到工作中的不足，敏锐地发现负面信息并从其中筛选出有利信息，改进策略或方式，有利于扶植正向信息。变负为正的过程也是学校先进文化生长的过程。

（3）学校文化建设的另一个重要内容是课程建设，课程建设具有系统和规范的特点。系统是指成体系、成序列。规范是指“时间”“地点”“人物”三确定。四小的课程建设的核心是将学校的各项工作课程化。具体内容如下：

显性文化课程。将学校以“书香墨韵，和谐并进”为主题的显性文化编辑成册，命名为《流动的书》，作为班队会教材，让师生了解学校廊道设计的内容，与廊道文化互动，培养师生成为学校文化的主人。

标识系统课程。将学校的沙盘、校徽、校旗、校服的寓意，以及学校的办学特色、校训、培养目标整理成册，作为队会教材。每学期以此为主题，至少召开一次大队会、中队会观摩，让师生加深对学校标识系统的认识。同时，在教室的醒目位置，张贴学校的标识系统。

教师培训课程。教师培训课程包括两部分内容：一是基本功培训课程，包括书法培训及专业阅读。学校每周三开展教师书法培训，以此为契机，达到两个目标——闻墨静心、与高人结缘。学校邀请本地知名书法家为教师做培训，在培训课上，讲授与书法相关的传统文化知识，陶冶教师的性情。专业阅读分为赠书、共读交流、个性化阅读、适时奖励四个环节，环环相扣，最终达到习惯性阅读的目标。二是教师专业成长课程，分三个层次设置：青年教师培训课程，包括职业认同、听评课、学期汇报；中年教师培训课程，包括同课异构、示范课、师带徒；老教师培训课程，包括讲座、磨课指导。

特色项目课程。学校有序开发特色项目课程。特色项目课程坚持“普及＋提高”的原则。书法课程，面向三到五年级全体学生开设，体现普及的特点，每周一节。周四下午的书法兴趣课，选择各班书法优秀生集中培训，促进其书法水平的提高。

儿童课程。授课要做到“三有”：有课型——晨诵、读写绘、整本书共读；有课时——课型编入课表；有教材——由年级组统一编写。规范儿童课程开发，提高课程质量。

鄂尔多斯蒙古族头饰课程。授课要突出两点：一是通过课程，了解和学习对非物质文化遗产的保护，激发教师的课程意识；二是将校本课程与国家课程紧密结合起来。在日常教学中，利用课外活动时间，向学生普及蒙古族头饰知识，不断提升课程质量。根据教学实践，学校组织编写了《鄂尔多斯蒙古族头饰教材简本》。

中国国画技法课程。授课要突出两点：一是搭建平台，激发教师的课程意识；二是将校本课程与国家课程紧密结合起来。在日常教学中，利用课外活动时间，普及中国国画技法，提升课程的质量。根据教学实践，学校组织编写了《中国国画技法教材简本》。

仪式课程。第一学期抓好三项仪式课程：开学典礼、百日读书节启动仪式、合唱节启动仪式。第二学期抓好四项仪式：开学典礼、“世界读书日”主题活动、艺术节闭幕仪式、毕业典礼仪式。仪式课程开发体现两个特点：时间固定、活动内容序列化。

家长课程。一共分为三级。第一级：以教师为主导的家长会。精心设计家长会，创新家长会内容。从学校的整体安排到班级家长会的形式变化，力求突出家长会“向家长汇报学校工作情况”的原则。第二级：学校开办各年级的家长学校。精心设计家长学校的课程，充分了解家长需求。将校内与校外资源结合起来，做精做实课程，做到“四个一”，即“校长一堂课、专家一堂课、心理一堂课、家长一堂课”。同时将授课与奖励结合起来，调动家长学习的积极性。第三级：成立校级家长委员会。学校定期向家长委员会成员汇报工作情况，广泛征求家长委员会的意见与建议，促进学校工作的顺利开展。

国家课程。授课时要关注课堂细节。一是对教材。教师对教材的理解和把握是否变成授课时的策略和操作；课堂各环节的设计是否紧凑，有无突然出现的空当。二是对学生。教师对学生在课堂上的发言，如何安排，是否心里有数；评价完学生的发言后，教师是否注意到学生的表情；在课堂上，教师是否与学生互动。三是对设备，教师是否提前调试好设备。四是对自身行为。教师在课堂上是否擦过黑板；某个动作是否恰当；上课铃响起时，教师是否才踱进教室。在每天的教学中注重这些细节，把握这些细节，日久天长就会领悟到这些细节后面的大学问。课堂中的细节也是教研活动的主题之一。

2. 文化引领，要“大鱼前导”

形成了高品质的“学校之水”，还需要“大鱼前导”。“大鱼前导”是指学校通过引领，提升教师的文化素养，让学校的特色文化在教师身上体现出来并影响学生，形成“不求而至，不为而成”的局面。学校文化建设的引领从三个方面着手。

（1）校长修炼。学校要形成文化的濡染之势，校长是关键。校长要通过专业技能和专业态度两个方面的修炼，在点点滴滴中推动学校的文化建设，起到“大鱼前导”的作用。

校长的专业技能可以用三个关键词来概括：创新、沟通、平衡。

创新有三层含义：一是整合；二是集成；三是传承。首先是整合，整合有利于四小发展的一切信息。比如，四小文化建设目标“书香墨韵，和谐并进”的确定就是通过对来自各方面的信息进行整合而提出的，并在整合的基础上确立了师生的培养目标：“读好书，写好字，做好人”。其次是集成。集成是对四小现有的文化资源进行筛选、重组，使四小文化资源实现最大化。比如依据学校美术教师的优势，安排他们课程开发的任务，各自负责一项课程开发，如蒙古族头饰、书法、素描等，看似在分，实则在合，产生“1+1>2”的效果，学校美术课程的特色就此形成。最后是继承。学校的历史有长有短，但每个学校都有自己特定的历史和独特的文化传统，这些都是丰富的文化积淀，是不可忽视的教育资源。要摒弃“在废墟上重建”的短视行为，应在尊重历史的基础上传承。传承的过程就是创新的过程。因为在传承的过程中，许多因素都发生了变化，比如学校的管理者、教师、学生、家长，这些因素都处于变化当中。在传承的过程中要有新的方式和新的标准，这些就是创新的过程。如四小的书香文化，在历时一年的传承过程中，被补充了许多新的内容，“有字之书”和“无字之书”就是四小书香文化的创新。整合性、集成性创新比单个创新更具有穿透力，这是许多跨国公司取得成功的秘诀，值得学校在创新的过程中借鉴。

沟通是校长应具备的基本专业技能之一。校长在沟通时要实现传播品牌、传播思想、传播善意的目的。首先是传播品牌。通过各种机会与媒介传播学校品牌，提高学校的知名度。传播学校品牌主要通过竞争实现。竞争力即从不同角度展示学校的发展优势。四小的竞争力在于师德修养。其曾获得“全国师德先进集体”的殊荣。这一殊荣也促使教师保持心灵的纯净。其次是传播思想。校长要善于适时地传播自己学校的办学思想，并获得修正和认同。这需要校长在沟通方式上不断精进，有的放矢，对教师如何传播，对学生如何传播，对家长如何传播，对社会如何传播，对上级如何传播，要达成有效的沟通，最终实现传播思想的目的。最后是传播善意。校长不仅代表个人的形象，还代表学校的形象。校长与人沟通的行为方式也传递着校长的做人准则。因此校长的行为方式始终要遵循一个原则，就是传递善意。这是一个长期修炼的过程。在修炼过程中要形成双赢的思维模式，即不管与什么人打交道，校长的思路始终是为双方谋利益，每个人都受益是最好的结果。

平衡包括两层含义：一是做好人本管理与“铁面无私”的平衡。这也是学校文化建设的一种领导策略。校长关心教师，整个学校会形成积极的氛围。但有些时候，校长如果完全依靠“关爱”，也会影响工作的顺利进行。因此对于校长而言，首先要做到让人信服，而不仅仅是做一个富有人道主义情怀的“好人”。为了实现把学校办出特色的愿望，校长难免有时做出不受欢迎的决定。在办学过程中，也许还会做出一些错误的决策，可正是这些错误最终会帮助校长成长、成熟起来。学会在人道主义管理和“铁面无私”之间取得平衡，是校长成熟的标志之一。二是做好学校各项运转程序的平衡。学校各项工作的顺利开展，需要各项程序的正常运转。校长需要平衡分工、平衡步骤、平衡利益，才能实现学校各项程序正常运转。

校长的专业态度可以用三个关键词来表达：敬畏、平和、柔软。

敬畏是对教育规律、课堂、课程的敬畏。敬畏教育规律，依循教育规律做教育，就不会让教育走向作秀，走向自说自话，走向掩耳盗铃，影响教育教学质量。敬畏课堂，才能将课堂作为促进学生发展的主阵地，为促进课堂教学的有效性做出不懈的努力。敬畏课程，才能理解课程的三级管理，踏踏实实地挖掘课程的育人潜质，让课程转化为师生成长的营养，而不是仅仅把课程作为学校品牌创建的标签。

平和是坚守，是执着。平和有两层含义：一是要加强对校长职业特点的认识。校长是专业性很强的职业，注定与轰轰烈烈无缘，注定要在琐碎和细节中开展工作。从事教育，要耐得住寂寞，静得下心来，用全副精力投身教育，实现专业成长。二是要有教育思想的定力。“千磨万击还坚劲，任尔东西南北风。”一方面要做到与时俱进，另一方面要有教育思想。这里说的教育思想不是书本上的思想，不是文件上的思想，而是符合学校实际的思想。具备了富有个性的教育思想，才有可能建设一所富有个性的学校。富有个性的学校才是有生命力的学校。

柔软是心存感动。面对理想的美好，面对现实的艰难，依然能够在一次次的落差中，在一次次的纠结中，让心灵保留那份柔软，依然可以为师生看似平常的举动而感动，在这份感动中重拾教育的激情。

（2）用人所长。一是树立榜样教师队伍形象。四小有一支优秀的教师队伍，他们在工作中的各项获奖率达到62.9%。学校要充分利用这些资源，让榜样教师发挥引领作用，促进其他教师提高自身能力。四小主要通过口头树立、搭建舞台、提高标准等方式发挥榜样教师的引领作用。口头树立是在各种场合大力宣讲榜样教师的先进事迹和教育故事。搭建舞台是创设机会让榜样教师展示自我，如开展骨干教师示范课、教学能手教学讲座、优秀教师事迹分享会等。提高标准是为榜样教师的发展拓宽渠道，鼓励榜样教师再接再厉。针对榜样教师的不同特长，为其发展创造条件，如有的教师擅长写作，学校出面积极联系相关部门，为其发表文章、出版图书创造条件。

二是充分挖掘教师的潜力，发挥其特长。充分挖掘教师的潜力，主要通过深入了解、大胆使用、提供机会三种方式进行。深入了解是对每一位教师要有全面了解，主要通过听课、谈话、调查的方法实现。大胆使用是充分信任教师并给教师犯错的机会。提供机会是指创造各种机会，让教师展示自我。学校对专职书法教师的任用，就是本着这样的原则。四小的高亚飞老师是美术教师，对书法很有研究。为使他的特长得到充分发挥，学校通过申请并成功成为自治区书法实验校，为他发挥特长搭建了更好的平台。每位教师都有进取之心，都想在自己的岗位上有所建树，所以，为教师提供施展才华的平台，并对其才能加以合理的引导和培养，教师工作的积极性就会被激发出来。

三是牢固树立管理助人的思想。学校的管理应秉承“助人为乐，成人之美”的原则。坚持这样的理念，并在行动中认真落实，就能营造出和谐温馨的工作氛围。学校在实践管理助人理念方面采用的方法是：在教师中广泛开展谈心活动，征求教师对学校管理的意见和建议，及时疏导教师的不良情绪；了解教师生活中存在的困难，积极协调相关部门，帮助教师解决住房、子女就学、配偶调动等关系教师切身利益的问题，为教师轻装上阵、全身心投入工作创造条件。

（3）寻悟修行。寻悟修行体现为思维方式的修炼，这四个字的含义如下：“寻”是探索的意思；“悟”是在探索中感悟；“修”是在感悟中修正行为；“行”是在修正中前行。“寻悟修行”思维方式的训练可以从两个方面开展。

第一，与名家对话。举办大型的教研活动、培训活动等，邀请各界名家来校与教师对话，让教师在与名家的对话中开阔视野，提升境界，激发探索的欲望。如每年举办大型书法笔会，给教师创造与书法名家接触的机会，让教师能够突破地域、学段、学科等的限制，使其思想得到滋养。

第二，专业化成长。分为四步走：第一步，提炼出阻碍教师认识教育的典型问题，组织教师共同探讨；第二步，组建教育研究共同体，进行分工，定期开展活动；第三步，记录在课堂上与活动中发生的典型案例，通过录像、情景再现的方式，组织教师进行讨论与分析；第四步，鼓励教师写博客或搭建个人网站，把自己的教改体会、教学实录放在网上，与同事交流。

高品质的“学校之水”和“大鱼前导”，使学校文化在濡染观摩中“不求而至，不为而成”，这是学校文化建设的最高境界，也是追求建设正向学校文化的正确途径。

六、管理规划

（一）目标

1. 总体目标

（1）反思目标。学校的办学目标是培养学生。培养什么样的学生，是我们要不断反思的问题。目前，关注学生核心素养的培育，是基础教育理论研究和实践的趋势。核心素养的核心是塑造新时代的新型人才形象。培养什么样的学生，就是要弄清楚什么是学生的核心素养。所谓“核心素养”，主要是指学生应具备的能够适应终身发展和社会发展需要的必备品格和关键能力。简言之，考量学生的核心素养，不但要看其“知晓什么”，而且要看其在现实情境中“能做什么”。因此，在学校的课程设置与教学实践中，基础知识的“习得”与借助知识技能的“运用”，是培养学生的思考力、判断力、表达力的重要手段，应当视为“飞机的双翼”，同样应得到重视。由此，我们得出三条结论：第一，核心素养的核心既不是单纯的知识技能，也不是单纯的兴趣、动机、态度，而是运用知识技能解决现实课题所必需的思考力、判断力、表达力及人格品性。第二，核心素养的培养要求学生能够运用各门学科的知识进行思考、判断，并通过记录、概括、说明、论述、讨论之类的语言性活动来进行评价。第三，学校课程与学科教学指向要改变，要多关注思考性的协同、沟通、表现的活动，不能仅仅局限于读写算技能的训练。用一副对联“世事洞明皆学问，人情练达即文章”来表述，“世事洞明”的学问功底（智商）与“人情练达”的人格修炼（情商）的融合，正是对核心素养基本内涵的一种概括。我们本着对核心素养的理解，反思学校的办学目标，判断学校前进的方向。四小的办学理念是“书香墨韵，和谐并进”，表述的是在学校层面，调动所有的教育资源，致力于学生智商与情商的融合。培养目标是“读好书、写好字、做好人”。这是在师生层面，引领师生形成智商与情商高度融合的核心素养。

（2）坚持目标。实现目标的抓手是“育人之事，必作于细”。“细”有五层含义：一是责任。细是责任心的体现，有责任心，凡事必细。二是周密。周密是思维方式，思考问题角度多，做事才能精细。三是善良。只有为别人考虑得多，有一颗善良的心，才会处处体现细节的关怀。四是慧眼。细节之处，往往是人们易于忽略之处，发现人们易于忽略之处，需要慧眼。五是大智。处理细节问题，把细节工作做好，需要大智慧。

2. 学期目标

第一，文化立校。文化主要体现在师生、家长的参与度上。通过学校文化的建设，提升师生的创造力，让文化真正从师生的言行中体现出来。

第二，探索“全员育人，提高教学质量”的途径，关注成绩背后的因素并进行分析，诸如学生的心理发展、思想动态等。形成完整的、精细的课程体系，促进各科、各年级均衡发展，特色课程效果显著，与学校文化浑然一体，坚决杜绝作秀。

第三，围绕学校的办学目标，建立完善的多维度课程体系，力求实效性。

第四，探索一校两址办学路径。

第五，探索共建学校双赢模式。

第六，探索转型期践行办学理念的新路径。

第七，打造数字科技校园。

第八，建设学校信息反馈系统。

（二）现状

重点分析师生、家长参与的程度，通过参与程度的分析，检验学期目标的落实情况。通过数据、感受、口碑三个层面的调研分析，基本能够反映出学校的现状。

1. 数据

本学期学校共做了五次问卷调查，问卷调查的主要对象是学生、家长、教师。五次问卷调查的内容涉及规范办学行为、师德、职业认同、学生满意度、家长满意度。

（1）教师职业认同度调查。

表 1　教师职业认同度问卷调查结果统计表

项目	内容	
1	最符合你对教师职业评价的陈述是哪一项？	
	A. 是一种谋生的职业而已。	10%
	B. 是一种既做贡献又有乐趣的工作。	90%
	C. 是一种枯燥乏味的工作。	0
2	你觉得教师这份工作能发挥你的才能和价值吗？	
	A. 能。	74%
	B. 比较能。	22%
	C. 说不清楚。	4%
	D. 不能。	0
3	你认为教师这一职业，最适合你的原因是什么？	
	A. 喜欢和热爱教育事业，能实现自我价值。	82%
	B. 没有找到更好的工作。	3%
	C. 工作稳定，假期多。	13%
	D. 受别人影响。	2%
4	在工作中，你是如何学习相关的专业和教学知识的？	
	A. 自己有计划地主动学习。	76%
	B. 在学校的要求下学习。	5%
	C. 说不清楚，随心所欲。	2%
	D. 各种形式的培训。	17%

续表

项目	内容	
5	你愿意参加学校组织的教研活动或业务学习吗?	
	A. 非常愿意。	65%
	B. 比较愿意。	28%
	C. 说不清楚。	5%
	D. 不愿意。	2%
6	你认为使你努力工作的动力来源是什么?	
	A. 培养出人才的幸福感和自豪感。	77%
	B. 更好地完成教学任务，获得晋升的机会。	0
	C. 热爱学生和教学工作，自我发展的需要。	20%
	D. 获得领导、同事、学生及家长的认可和尊重。	3%
7	以下哪一种表述适合你?	
	A. 认为自己适合做一名教师。	28%
	B. 和孩子在一起感到很愉快。	51%
	C. 为自己是一名教师而自豪。	13%
	D. 认为自己的工作压力大。	8%
8	你觉得我校学生的学习风气如何?	
	A. 优。	83%
	B. 良。	17%
	C. 差。	0
	D. 说不清。	0
9	你觉得我校学生的思想道德状况如何?	
	A. 优。	74%
	B. 良。	26%
	C. 差。	0
	D. 说不清。	0

续表

项目	内容	
10	你认为应该在哪些方面着重加强学生的思想教育工作？	
	A. 加强家长培训，家教影响。	8%
	B. 行为习惯的培养。	47%
	C. 注重爱心、善心、助人为乐的教育。	45%

备注：此次问卷调查的对象为一线教师，发 80 人，收 80 人。

从以上问卷调查得出的数据中可总结出以下几点：一是学校教师对职业的认同度较高，有较高的从教境界。二是对学校的文化高度认同与理解，并内化为实际行动。三是对新的形势有清醒的认识，适应力强。

（2）学生满意度调查。

表 2　学生满意度调查结果统计表

内容	好（喜欢）	一般（比较喜欢）	不好（不喜欢）
你觉得学校的校园环境、设施如何？	75%	22%	3%
你对学校组织的各种兴趣小组活动感觉如何？	68%	29%	3%
你觉得学校的各类活动丰富吗？	71%	25%	4%
你觉得老师爱护和信任学生吗？	82%	16%	2%
你觉得校园卫生情况如何？	68%	31%	1%
你觉得平时的作业负担重吗？	58% 不重	39% 还好	3% 太重
你觉得老师关心、理解你吗？	82% 关心	17% 还好	1% 不关心
你对你所在的班级整体氛围满意吗？	72%	24%	4%
你喜欢现在的校服吗？	52%	35%	13%
你认可学校的办学目标“读好书、写好字、做好人”吗？	76%	10%	14%
你喜欢学校吗？	85%	13%	2%

（3）家长满意度和家教投入度调查。

表 3　家长满意度和家教投入度调查结果统计表

对学校的满意度	很满意	基本满意	一般
	50.40%	46%	3.60%
对科任教师认可度	很满意	基本满意	一般
	51%	43%	6%
家教投入度	全身心投入	基本能关注	不怎么管
	40.20%	53.60%	6.20%

备注：此次问卷调查对象为家长，发 1484 份，收 1484 份。

2. 感受

在四小，我们可以从领导、教师、学生及家长的身上感受到积极向上、不断进取的精神。

（1）对学校领导的感受。到我校监考的外校老师，感慨学校领导们的精干与团结。值周、听课、上课、组织活动、迎检、约谈家长、巡视、教研……学校领导每天都在忙碌之中。后来，教育局将罕台润泽小学划归四小管理，学校领导们的任务量都增加了，一人做几个人的工作，但没有推诿，没有谁抱怨，有的是互相的问候和鼓励。每当我感到身心疲惫时，大家的一句“放心，有我们呢”，使我内心顿时充盈着一股力量。我们深切感受到，教育局将这份重担放在四小人身上，是看中了这支维护学校荣誉的领导班子队伍。

学校领导们对工作尽职尽责，一丝不苟，推动学校的持续发展。这个方面主要表现在：一是问题意识。每周一的例会上，学校领导都会就上周的工作提出出现的问题，如早自习时学生的读书实效性问题、训练队教师的工作状态问题、学校篮球架上保护布破损问题等，并且针对出现的问题提出整改意见。二是调控和监管能力。学校领导针对自己所分管的工作，加强与教师的沟通与交流，有效地调控工作的进度；同时不断提高监管工作的效率。教学、德育、体卫艺等各项工作都做到有条不紊，取得成效。三是总结梳理。针对工作方案，对自身的工作进行梳理总结，将成功经验在今后的工作中加以推广。如在教学方面的多维度课程体系的建立、教师校本培训体系和“游走在鄂尔多斯”课程体系的建立，家风建设、校本教材的编撰方面都取得了宝贵的经验，并且在区域内产生了一定的影响。

（2）对教师的感受。英语教师纪秋萍和刘娟要在区域内做展示课，组内的教师群策群力，与两位教师一遍又一遍地共同备课。最终纪秋萍老师的课在鄂尔多斯市英语教师培训会上得到了听课专家的高度评价，刘娟老师的课在东胜区新教育开放周上得到了与会教师的好评。她们将自己的成功看成是学校的荣誉。上学期，东胜区的汉字听写比赛由我校承办，在承办的过程中，教师们密切合作，从会场布置到主持，从竞赛流程到现场书写，不放过每一个细节，力求完美，给比赛参与者留下了深刻的印象，充分体现了认真细致的“四小精神”。为了在汉字听写比赛中取得好成绩，在比赛前，教师们利用课余时间连续备战了一个月，常常培训到深夜。比赛中，因为一位教师的笔顺问题，学校仅获得二等奖。赛后这位教师自责地哭了。美术组的教师要参加区里的灯笼制作比赛，为了获得好成绩，教师们牺牲休息时间，利用周六日精心设计和制作了“流觞曲水”灯笼。四小的舞蹈室，在晚上 9 点时仍然灯火通明，这是四小校长才艺展示节目《墨缘》正在进行紧张的排练。整整一个半月，四小两个校区的校级领导，在忙完一天的工作后，便匆匆赶到舞蹈室，排练舞蹈《墨缘》。设计节目时，尽管没有一个人有舞蹈特长，但是挑战舞蹈依然成为大家的共识。挑战自我的“四小精神”体现在点点滴滴中。用肢体表达教育的情怀，大家在训练中感受着艺术的魅力、团结的力量，让大家发现了另一个自己。虽然我们的演出不够专业，不够完美，但大家依然全情投入，奋力拼搏……校长才艺展示的初衷尽在此中吧！这样的精神体现在学校工作的方方面面，每个人都将自己的发展与学校的荣誉融为一体，将自己的荣辱与学校的荣辱融为一体，这种强大的团队精神是学校不断进步和发展的巨大动力。

教师们下班走得很晚，在班里耐心地辅导学生。在廊道里碰到家长，家长一脸感激。一位已经毕业了两年的孩子突然性情大变，产生厌学情绪，家长无奈，领着孩子找到蔡雪老师，说：“孩子最听您的，您给开导开导吧。”经过蔡老师一番开导和一段时间的关注，孩子走出了困境。

“小区的地下车库有孩子聚集，安全隐患大。”“二楼平台上有孩子打闹，很危险。”教师们或是在群里留言，或是拍照片发在群里，或是当面提醒，他们的初衷都是传递善意，对学校负责，对孩子们负责。

在课堂教学改革中，教师的创造力得到了充分体现。即将退休的苏毓花老师，在上示范课时，自己动手做课件，将课件与课堂教学紧密结合起来，培养学生的思维能力。教育榜样教师韩冬梅的绘本课上得有声有色，连听课教师都被带到情境当中。贾丹老师的课前三分钟分为“我喜欢的书”“理想中的大学”“世界那么大，我想出去看看”等五个板块，孩子们在汇报时，都要自己动手制作幻灯片，边讲边播放，对学生综合素质的培养十分有益。李翠梅老师的课堂以学生为本，课堂教学效果明显。吴艳老师的语文课注重问题情境的设置，为学生提供阅读和写作实践。她的课在与外地交流学习的视频教研中得到好评。在集体备课中，教师们充分发挥个人创造力，在一讲二讲中，课堂教学呈现出鲜明的个性特点。

在校本课程中，语文教师将儿童课程与教材整合，努力贴近学生的实际。一年级教师开发了“好孩子系列课程”。英语教师将“游走在鄂尔多斯”课程整合成英语口语课。艺术学科的教师开发了“游走在鄂尔多斯”艺术课程，分为音乐和美术两部分。在音乐教学方面，主要的课程是民族舞蹈，选取的是鄂尔多斯地区具有代表性的舞蹈——筷子舞。音乐教师利用业余时间编写音乐教材。在美术教学方面，美术教师依据鄂尔多斯地区独特的民族文化、环境文化等，划分出五个方面的教学内容：饮食文化、服饰文化、建筑文化、民风民俗文化、景物文化。在授课的时候，教师根据学生的年龄特点，从不同年代、不同材质、不同表现手法等方面为学生授课。教师们开发了科学校本课程，有科学实验、科技小制作，航天模型等课程，供学生选择。在鄂尔多斯市校园艺术科技节上，我校的火箭发射、机器人展演获得科技创新奖。各班的实践活动丰富多彩，有“广场文化探源”“听红军爷爷讲故事”“主题公园览胜”等内容。在班主任工作室的引领下，老师们开展文明课间活动，引导孩子们度过文明课间。德育综合课的开发也迈上了新的台阶。2016 年 5 月 18 日，我校举办了为期一天的班主任沙龙——多元育人整合课研修活动。其中的四节课给听课教师留下了深刻的印象。贾丹老师的《我们的

“六一”》，让学生懂得看待问题要学会转换思维方式，一个事物的背后往往可以引发更深层次的思考。赵林芳老师的《做情绪的主人》，教导孩子如何在日常生活中控制情绪，做情绪的主人，不被情绪左右。就像孩子们所言：“心情不好时，天空飘来五个字——那都不是事。”朱丽萍老师的《劳动创造美》、刘建利老师的《我为学校出份力》，落点低，以学生的实际生活为抓手，打开了学生的话匣子，激发学生积极思考。以上这些事例都是教师创造力的体现。

（3）对学生的感受。走进四小校园，和谐、文明的气息扑面而来。学生温文尔雅的问好声不绝于耳；在廊道中、楼梯上靠右行成为习惯；捡到物品交给失主或失物招领处成为学校的传统。每个学期都有一批孩子将捡到的手机、现金、身份证件等物品交到失主手里或失物招领处。“帮助别人，快乐自己。”这是我校贾丹老师写给孩子的感谢信中的一句话。郑校长在课间巡视时，发现有个学生在廊道里奔跑，就拦住他说，以后要持续一个学期关注他，看他能不能改正在廊道里乱跑的行为。这个学生每次碰到郑校长，都会问问：“校长，我改了没有？”

学校舞蹈队到鄂托克旗参加比赛。比赛结束后，孩子们把宿舍打扫得干干净净，并且在宿舍窗户上留下便条：“403 宿舍的大姐姐们，你们好！我们是来自东胜区第四小学舞蹈队的小演员。感谢你们这次为我们提供的舒适的环境！希望你们下次到东胜做客，到东胜区第四小学来找我们。”

四年级的一名同学，因为在廊道里打闹，与值周生发生矛盾。事后，他很后悔，主动找到值周生道歉，并且找到大队辅导员，要求在全校师生面前承认自己的错误。

在鄂尔多斯市科技节的展示现场，在东胜区爱心义卖现场，四小派出的小解说员倾情解说，给观众留下了深刻的印象，成为学校最好的宣传代言人。

四小学生制作的火箭模型、机器人等在鄂尔多斯市科技节比赛中获二等奖；在东胜区科技节上，获得团体竞赛第二名；在内蒙古首届“通航航空杯”锦标赛上，获得佳绩。在“游走在鄂尔多斯”课程中，学生的美术作品呈现出无限的创造力。

“吾与吾妈练乒乓，吾妈球如一调皮男，吾跑西，球飞东。吾极生气，一暴扣，球飞也。吾妈见状，忙曰：‘打球要耐心，手劲要恰当。’吾听之，忙改。再练，已可与吾妈来去几回合，吾窃喜。”这是二年级四班赵诗凯同学用文言文写的小习作，虽然很稚嫩，但是已经很了不起。大量阅读给孩子的写作插上了提升的翅膀。

（4）对家长的感受。二年级的家长买来十几副手套，找到校长，要赠送给每天在校门口值周的老师，说：“老师们太辛苦了，送副手套，让老师们保保暖。”学校婉言谢绝后，家长感到非常遗憾。

爱心义卖会上，家长们纷纷解囊，购买作品。下雪了，家长们纷纷来到学校，扫、铲、除，校园的积雪清除了，课间活动正常进行。

校长约谈家长，当提到对学校的意见和建议时，家长们总是鼓励学校，“做得很好”“你们想得很细致”“你们辛苦了”……

临近期末庆典，天色已晚，一间间教室里仍然亮着灯光，家长与老师忙碌的身影成为校园夜色中最美的图画。

鄂尔多斯，人杰地灵，草木生辉。

你碧草蓝天，孕育了书香墨韵的四小；

你云海碧浪，激励着和谐并进的四小。

在你的庇护下我们看到了蒸蒸日上、奋起腾飞的四小。

这是家长创作的《我深爱的鄂尔多斯》中的诗句，对四小的真情跃然纸上。

一幕幕场景，每天都在发生，真情在家长与学校间流淌。

家长对学校工作的关心，也表现在对学校工作积极提出建议上："学校管理要注重树立'安全第一'的意识，加强学校门前的车辆管理。""学校德育要注重学生生活习惯的培养，从校内延伸到校外。""学校要不断提高学生的整体素质，加强学生各方面的能力。""毕业班要提高复习质量，避免题海战术。""英语教学要注重教学改革，多提供对话交流的平台。""加强对学生青春期及生理卫生方面的教育，增强学生自救自护意识。"从这些建议中，我们感受到家长对教育工作的深层次思考，对教育工作的认识更加专业。

3. 口碑

口碑来自学校的信息反馈系统。信息反馈系统分为三个层面：一是问卷调查，包括纸质问卷和网上问卷。二是校长有约，约请家长，了解学校的办学效果；约请社区代表，了解社区对学校的意见；约请高一级学校，了解毕业生的状况。三是听取迎检意见反馈、家长委员会意见反馈、主管各部门意见反馈。学校通过信息反馈系统，对反馈的信息一一整理后，形成数据和感受两个部分。以听取迎检意见反馈为例：2016 年度，四小先后迎接新疆乌鲁木齐沙依巴克区教育考察团、包头创城考察团、锡盟创城考察团、乌海市妇联、内蒙古影子校长培训班、鄂尔多斯市督导评估检查团等，到学校考察和验收。每一次迎检之后，四小都及时与相关人员联系，听取意见和建议。各方领导和专家对四小的办学效果给予肯定。从信息反馈系统中，分析信息，得出口碑较好的结论。

（三）实践与探索

回顾四小的教育实践工作，我们进行了很多有益的探索。

1. 教育行政部门的引领

四小参加教育局组织的督导评估的领导有这样的感慨：“现在学校之间的差距越来越小。”这种感慨反映了各所学校强烈的竞争意识，而竞争意识来自于教育氛围的创设。教育督导评估机制建立以来，每学年数次的评估，从原始资料的整理到深入课堂，从实地查看到问卷调查，做到了全方位、多角度、求真相。在督导评估中，各级教育行政部门引导学校在各自的基础上寻找新的发展时机。我校在每次的督导评估反馈中，都能汲取到兄弟学校的经验，并落实到实际工作中，不断提升工作水平。同时，我校在各级教育行政部门的引领下，通过梳理总结、提炼思想、形成特色、理性前行，实现了多层面的发展。

在四小里总能看到教育行政部门的领导和专家的身影，或听课指导教学，或实地办公解决学校管理中存在的问题，或调研倾听基层的心声。各级教育行政主管部门为学校创设了很多与外界沟通交流的机会，每一次都是我们接受高人指点的良机。每一次迎检，都能得到来自各方的领导及专家的悉心指导。比如教研活动的实效性、德育资料的系统化、硬笔书法如何落到实处等。教育行政部门的领导和专家不但在检查工作中指出了四小这些工作中存在的不足，还提供了解决的办法。迎检，在考量学校全方位工作的同时，也使我们开阔了视野，使办学质量不断得到提高，收获着成功的喜悦。

2. 校长专业成长

四小用系统思想办学，重点做到了六点：意志坚强、以身作则、责权明晰、传递热情、管理细节、形成体系。

（1）意志坚强。面对鄂尔多斯市党委政府、鄂尔多斯市教育主管部门、学校教职工、学生、家长、社区等多个群体，要满足他们的不同诉求和共同愿望，校长需要具有坚强的意志，带领学校不断迈向更高一级的发展阶段，并立志在职业生涯中和学校荣辱与共。

（2）以身作则。做到身教和言教。身教要做到：一是要求别人做到的，自己首先做到。二是不断完善自己的品德，保持清醒，不走极端，珍惜拥有。三是坚守。不断探索实现办学目标的新途径，坚持教育经费的合理使用，坚持维护制度的严肃性。言教要做到：一是传递正能量。二是善于拉近距离。三是真诚面对每一个人，真心与人沟通交流，真正说到做到。

（3）责权明晰。与教师一起拟定清晰的、可评测的绩效指标，实行严格的问责制。通过让教师参与标准的设定过程，让教师从内心接受责任目标。

（4）传递热情。将自己对学校和社区前景的乐观展望传递给每一个人，营造风清气正的工作环境。

（5）管理细节。每学年重点做好三个方面的工作：档案、协调、后勤。

（6）形成体系。认真梳理每一个学期的工作心得，使学校的管理工作不断完善，并形成体系。

3. 服务创新

（1）注重联系实际。学校管理工作水平要提升，需要校领导和环节干部发挥各自不同的作用。在制订方案阶段，要有问题意识；在执行方案阶段，要有调控、沟通、监管的能力；在总结阶段，要有分享和推广的能力。基于这样的要求，学校走动式办公得到了深入开展。从校级领导到环节干部，每人每天都会深入到教室、年级组、学科组及学校的其他部门开展工作。走动式办公主要包括值周、巡视、约谈和推门课。领导班子成员深入到教研组、课堂、教室等，及时解决教职员工工作中存在的问题，提高管理的实效性，加强与教职员工的沟通和联系。校长和业务校长每天至少保证参与两节推门课，这样每学期就能听课二百多节，为教师评课二百多次。推门课本着“共同学习，促进成长”的原则，与老师一起发现问题，共同解决问题，提高课堂效率。在学校每周一的行政例会上，班子成员都要对上周巡视、听课、深入各办公室中发现的问题进行汇报，共同讨论，寻求解决的办法。在行政例会上还要对下周重点工作进行安排部署，将工作落实到具体分管领导，确保走动式办公得到深入开展。

（2）服务理念化为行动。一直以来，学校党政工相互配合，以服务作为理念，以问计问需和民情体验活动为抓手，全面建设和谐的校园文化。如在党员中开展服务群众的“五个一”活动，即“帮扶一名学生、办好一件实事、上好一节优质示范课、提一条合理化建议、联系一名非党员教师”。学校党支部、工会还针对教师工作任务重、压力大的情况，通过组织开展“七一”党员实践活动、教职工趣味运动会、教师乒乓球比赛、跳绳比赛、拔河比赛、演讲比赛、书法笔会等一系列有趣而又有意义的活动，为教职工在忙碌中过得充实和开心提供条件，体现学校对教职工的关心与爱护，使学校充满“人情味”，激发教职工工作和生活的热情。学校党支部、工会还将服务文化延伸到社区。每年的重阳节和春节都要对社区内的孤寡老人、贫困人员帮扶慰问；春节期间，组织有书法特长的教师进社区书写春联，并组织教师、学生到社区慰问演出；多次组织党员教师进社区开展宣传、咨询活动。学校还开展骨干教师送教下乡等活动。在服务的同时，将“书香墨韵，和谐并进”的学校文化延伸到社会。《鄂尔多斯日报》对学校开展的活动进行了报道。

4. 完善多维度课程体系

多维度课程体现开放性，期望达到三个目标：一是创设丰富多彩的教育环境，鼓励学生去做、去想、去听、去说；二是不拘泥于教材和教学大纲，根据学生的学习特点、需要与教育场景的变化，设计开放的教育场景；三是充分认识到学生的发展不能脱离社会生活，回归丰富而充满魅力的生活世界。

本着这样的目标，多维度的课程体现出三个特点：一是增加课程的宽度，加大信息量，以教材、大纲为载体，丰富课程内容。二是紧紧围绕学校“读好书、写好字、做好人”的培养目标，分别建立“读好书”“写好字”“做好人”的课程体系，保证培养目标的实现。三是不断发现丰富的课程资源，诸如环境文化、本地文化等，抓住它，开发它，使其转化为特色课程，将其融入学校课程体系中。

（1）“读好书”课程体系。总体特点是以国家课程做基础、儿童课程做补充，用活动课程来促进，并用课程评价做保障。

①以国家课程做基础。主要通过国家课程校本化来实现。学校通过各种课型的展示，从磨课、上课、评课三个方面，紧紧围绕“多维度”的特点，突出“立意、思辨、互动”的标准，增加课堂的宽度，增大信息量，增强对国家课程的适应性，最大限度实现国家课程校本化。

②儿童课程做补充。学校紧紧围绕“书香墨韵，和谐并进”的办学特色，开发中国传统文化系列课程，将其作为国家课程的补充。一年级的晨诵以“传统节日”为主题，二年级的晨诵以“节气与养生”为主题，三年级的晨诵以“诵茶”为主题，四年级的阅读以“读茶”为主题，五年级的阅读以“十二生肖”为主题，六年级的研读以“百家姓”为主题。

③用活动课程来促进。以“读书节”为载体，通过活动促进学校读书氛围的形成。我校的“读书节”包括启动仪式、作文比赛、美文诵读、读书汇报课、亲子共读、评奖系列活动。

④用课程评价做保障。学校通过举办比赛，诸如经典诵读比赛、演讲比赛以及阅读量统计，对“读好书”系列课程进行评价，保障课程落实。

（2）“写好字”课程体系。课程体系包括四个部分，即汉听培训课程、书法课程、活动课程、课程评价。

①汉听培训课程。汉听培训课程实现系列化。流程是每学期一次全校汉听大赛——选拔选手——进入校队集中培训。做到时间、地点、内容、教师“四确定”。

②书法课程。书法课程做到常态化。每天书法教室都有一个又一个班的学生来上课。每周四下午的书法兴趣课，各班书法优秀生都到学校的水墨斋工作室研习书法，集中培训。我校将书法

作为一项特色课程，三到五年级，每周一节软笔书法课；一至六年级，每天十五分钟硬笔书法课。书法课面向全校学生开设，以普及书法教育。学校现配备了一名专职书法教师和一名兼职书法教师，重点突破书法课教学，提高书法课教学质量。

③活动课程。活动课程做到精细化，内容包括书法笔会、作品作业展览。

④课程评价。课程评价做到多角度，内容包括各种比赛和考核。比赛内容有现场作文、硬笔书法、手抄报、读书标语制作等；考核内容有常规检查、考试卷书写浮动分等。

以上四个部分相互促进，形成一个整体，促进了学生写字水平的提升。在东胜区组织的汉听比赛中，我校学生获得一等奖，教师获得二等奖。

（3）“做好人”课程体系。“做好人”课程体系包括艺体课程、科普课程、社团课程、点滴德育课程。

①艺体课程。艺体课程分为美术、音乐、体育三大类。美术课程又下设心乐泥课、蒙古族头饰课、绘画课程；音乐课程下设小乐器和民族舞；体育课程下设足球、跳绳和大课间活动三类。

②科普课程。科普课程分为实验课和科技创新课两类。科学课体现“做中学”，注重实验。学校的分组实验和演示实验的开出率力求达到100%。为了达到这个目标，科学课教师想了很多办法。诸如：

精心设计实验。科学课最吸引学生的就是动手操作。为了创造更多动手操作的机会，教师依据教材内容，最大限度地设计实验项目。如《壶底是怎样传热的》一课，教材要求通过演示实验，引导学生探究，得出结论。教师则设计成分组实验，让每个学生都能参与实验，感悟传热的原理。

动手做实验。无论是教材中的实验，还是自己设计的实验，都要求学生动手做一遍，以便及时发现实验过程中存在的问题。在上《运动和力》这一课时，教师按照教材提供的实验方法，提前做实验。在做实验的过程中，发现教材提供的实验方法不严谨，于是，教师对教材的实验方法做了改进，在课上收到了预期的效果。

制作实验器材。依据教材内容，教师自己动手制作的实验器材有几十种，其中有制取二氧化碳的器材、电路器材、磁悬浮演示器、自制土电话材料等。

引进微课。科学课教师将实验过程制作成微课，在课堂教学中代替教师的讲授，激发学生的思考兴趣。

实验延伸。科学课教师引导学生将实验延伸到家里。学习《声音的传播》后，教师让学生回家准备三个塑料袋，分别放水、空气、沙子，继续感受声音的传播。学习了消化系统后，教师让学生在家用塑料袋、尼龙袋、丝袜等材料，模拟建立人的消化系统模型。

③社团课程。我校共开设社团课程二十五门，包括书法、古筝、素描、影视等。《未墨青梅》原创舞蹈在鄂尔多斯市舞蹈大赛中获一等奖。引进校外资源，开发管乐、乐高、棋类等特色课程，为学生核心素养的提升创造条件。

④点滴德育课程。包括入学课程、国旗下课程、实践课程、队伍培训误程、评价课程、家校课程等，突出“细、小、实”的特点。

A. 入学课程。学生入学后，学校对学生在校的每一个环节严格要求，从学生排着整齐的路队进入校园开始，规范每一个细节。上下楼、课堂、课间、喝营养奶、三操、放学路队等，时时事事皆育人。由德育处、值周教师、学生干部检查评比，一周一汇总，在周一举行的升旗仪式上进行总结反馈，存在问题提出改进，优点则继续发扬。日常检查是学校的制度，以促进学生良好习惯的养成。学校还成立了学生宣讲团。宣讲内容包括环境课程、安全课程、礼仪课程和美德故事。学生宣讲团做到时间、地点、内容、宣讲人“四确定”，保证宣讲效果。

B. 国旗下课程。国旗下课程的亮点是升旗班学生的展示。各班结合本班实际，精心设计升旗仪式，使升国旗仪式成为培养学生树立远大理想的课堂。

C. 实践课程。爱心义卖是实践课程的一项。例如，学校曾组织师生参加东胜区的一次爱心义卖活动，共有四十一件师生家长的作品参加义卖，成交金额八千四百余元。参加义卖活动的目的是，将学校“读好书，写好字，做好人”的教学理念与爱心义卖相结合，让学生在爱心传递中体会如何做一个真诚的四小人，并为公益事业贡献一份力量。在这次活动中，学校被东胜区教育局评为“优秀组织单位”和“最佳商铺”。

D. 队伍培训课程。课程以训代修、以研促教，培训实现分层次、有梯度。通过学习汇报、经验分享、班级叙事分享、年轻班主任培训、邀请专家讲课、外出学习、研磨德育课等活动进行以老带新、以新促老的培训工作。课程重点开展两项工作：一项是德育综合课研讨交流，以责任教育为主题，从研讨到各年级的课例展示评价。建立德育综合课资源库，供班主任借鉴使用。德育综合课充分体现学校的多维度课程特点，增加课程宽度，增强课程适应性。另一项工作是针对学生课间管理的难点问题，开展“文明课间、缤纷课间”的班级管理课题研究实践。年级、班级根据学生年龄特点等实际情况，制订课间活动方案，推广课间文明游戏，如棋类、翻绳、魔方、拼图等。有的班级还根据兴趣特长，分组开展舞蹈、唱歌、拍手谣、成语接龙等活动。经过一段时间的实践，课间秩序明显好转，追逐打闹的少了，喧哗喊叫的少了，课间多了文明的气息。学校将课间管理成果作为班主任的培训内容。

E. 评价课程。学期末，我们都会看到学校拍卖会的场景，各班选出一学年获得奖章最多的学生参加学校的拍卖会。在学校的拍卖会上，学生通过知识竞答还有机会获得奖章。用一年获得的奖章及新获得的奖章，拍得自己喜欢的玩具、师生的书画作品，奖励自己。学校将“雏鹰争章”活动作为学生评价的重要抓手。“雏鹰争章”活动分为三个阶段：第一是平时的争章活动，体现“四个结合”，即与课堂教学相结合、与日常行为习惯相结合、与各项活动相结合、与校外表现相结合。第二是以班级为单位的学期末表彰会。班级学期末表彰会不断进行新的尝试，因此有很多特色出现。第三是以学校为单位的学期末表彰会，表彰会以游园会的形式进行。

F. 家校课程。学校紧紧围绕关工委的六大工程开展工作，体现普及加提高的特点。

家长培训方面，普及部分做到“五个一”：校长一堂课、专家一堂课、教师一堂课、家长一堂课、网络一堂课。网络一堂课指通过网络平台转播全国新父母群讲座，发送自学内容。提高部分做到专项指导，如亲子共读专项指导做到序列化，即亲子共读书目统计，以及评选书香家庭、亲子共读落实情况调研等。学校调研发现，能够坚持亲子共读的家庭占43%，有时能占51%。提高部分还包括家庭教育研究，重点是开展家风建设，从培训到经验分享，形成序列。鄂尔多斯市妇联“最美家庭”创建现场会，将四小作为参观点，四小受到与会代表的好评，典型经验被推荐到自治区。

家校合作方面，普及部分做到“一问卷四活动”，即每学年做一次问卷调查，开展四次家校合作活动，包括改革家长会、家长开放日、家长进课堂、家长志愿者活动。以家长进课堂活动为例。家长来自不同的行业，从事着不同的职业，其中不乏行业的精英、道德的模范，他们有着丰富的人生阅历、广泛的兴趣爱好和特色绝活儿。我们邀请家长走进课堂，他们各有特色的讲授，开阔了孩子的思维，深受孩子的喜爱，家长也受益匪浅。提高部分有“校长有约”、每周致家长信、校级家长委员会。“校长有约”活动是从各班选出两位家长，校领导每周约见一名家长，进行交流，并在第二周的行政例会上汇报交流的情况，以便及时地帮助家长解决问题。这样的交流，既了解了家长的需求，也有利于指导家长引领孩子成长。

5. 致力于教师创造力发展研究

（1）树立创新意识。通过举办以“教师创造力之我见”为主题的讲座、研讨会、分享会，形成“不断创造”的共识，将创造新成果与教师的个人发展联系起来。如与晋级、表彰等联系在一起。鼓励教师树立创新意识，重点是为教师提供发挥自身创造力的平台。

（2）促进创造力发展。一是促进教师积极参与校本课程的开发和教学改革，并在这一过程中努力发挥个人的创造力。学校建立了鼓励教师创造力发展的各种评价机制，如教师创造力的评价机制、晋级机制等。鼓励教师形成自己的教育思想，提供形成和展示教育思想的平台。如成立“百家视野”讲坛、开展校际交流等，为教师搭建展示平台。

（3）营造良好的氛围。一是心理氛围。营造心理氛围，有意识地渲染，激发教师的创造意识。二是发展氛围。每学期组织一次“百家视野”成果展，并组织经验交流会。三是推新氛围。每学期评选一次“一家之长”教师奖，树立榜样。

（4）培训教师进行创造性学习。一是顺势引导。将创造作为教师学习的核心价值之一。通过课程建设，包括校本课程、国家课程建设，引导教师开展相关的创造性学习。二是组织文化。在学校营造学习氛围，构建学习型组织。三是与名家对话。构建教师与专家之间相互交流的长效机制。教师创造力发展的重要途径之一是与他人交往，在交往中学习提高。教师与名家对话也是学校文化建设的一项内容。

6. 打造数字科技校园

我校紧随自媒体时代与大数据时代的步伐，积极探索新的工作方式。一是家校交流沟通方式，现在全部家长都加入到校园网络交流平台。每个班级都成立了自己的家长交流平台，家长与教师在网络平台里交流学校管理、亲子教育、家庭教育等方面的话题。校园网络平台的使用加强了学校与学生之间、学校与家长之间、学生与家长之间的联系，为家长与学校双方共同培养学生成长提供了更可靠的保障。二是建立学校官方网络平台，及时发布学校动态、教育资讯、家教知识等内容，为家长及社会各界人士了解学校信息提供快捷方便的互动平台。

7. 一校两址效果初显

经过一个多学期的实践，我们看到了两个校区的成长。润泽校区成立了东胜区第一支管乐队，总校也成立了管乐队。在鄂尔多斯市教育局对旗县各学校的一次实验抽考中，润泽校区获得东胜区第一名的好成绩，这个成绩凝聚了两所学校实验教师的心血。东胜区督导评估中，润泽校区的各项成绩有所提升。润泽校区落实“乡村教师支持计划”的行动，以及学校的办学理念得到来校调研的全国人大代表的认可。此外，润泽校区合唱队在东胜区的合唱比赛中荣获一等奖。学校软式棒垒球队在东胜区首届软式棒垒球比赛中荣获冠军。主题为“难忘的乡土”的教育开放周取得圆满成功，并在鄂尔多斯电视台“百姓直通车”栏目中播出。英语单项测查也取得较好效果。乡村少年宫成效显著，受到鄂尔多斯市文明办的好评。两校的校级领导担当意识增强，互助互学，在更大的平台提升自己。践行中，两校的校长对校长职业有了新的认识，如何合理配置资源成为校长的必修课。四小有了分校，为学校的每个人打开了一扇窗，在看到更远的风景，提升自己的同时，成就的是孩子。这就是学区制的深刻内涵吧！

未来的路上，我们仍需用努力再努力的境界，探索再探索的勇气，坚持再坚持的耐力践行我们的承诺——“书香墨韵，和谐并进”。

第二节 让每个人都闻到书香

在四小校园文化的浸润中，四小的教师和学生对“书香”

有着别样的情怀。我的眼前浮现出四小的那人、那事、那风景。

第一幅　这是四小前任校长王蕾蕾的阅读班合影。王校长牺牲周六的休息时间，义务为各班阅读有困难的学生指导阅读，她总结了上百条指导阅读的策略。为了坚守“让每个人都闻到书香”的梦想，作为校长，她一直在想自己应该做点儿什么。现在，她踏实了。但是，作为母亲，她的心真的踏实了吗？每个周六的清晨，王校长面对的是孩子们清澈的眼睛，背影里是女儿幽怨的眼神，内心的纠结，谁人可知？

第二幅　四小申请书法实验校要接受验收了，早春的东胜，迎来飘飘洒洒的春雪。书法教师高老师在紧张地忙碌着，整理档案，写自查报告。望着窗外纷纷扬扬的雪花，高老师将一幅图片放在自查报告的封面上，那幅图片是一朵开得正艳的迎春花，他想让这朵盛开的迎春花为检查组的老师们传递四小书法教育的希望，传递四小人浪漫的教育情怀。想到这儿，高老师忍不住挥毫泼墨，写下了四个遒劲的大字——“春风墨韵”。

第三幅　黄老师是蒙古族，她的亲戚在外地上学，外地的同学和老师对蒙古族文化特别感兴趣，而她的亲戚又对此知之甚少，只好经常打电话向黄老师询问有关蒙古族文化的知识。每当接到这样的电话，黄老师都在想：自己能做点儿什么？黄老师与美术组的教师们一商量，鄂尔多斯蒙古族头饰校本课程产生了。课堂上，看到学生画头饰、做头饰的专注劲儿，黄老师有说不出的高兴。

第四幅　廊道读书。虽然课间十分钟通常是孩子们欢笑嬉戏的快乐时光，然而对于那些热爱读书的孩子们，他们的喜怒哀乐早已同书籍里的主人公牵系在了一起——分享着他们的快乐，感受着他们的悲伤，憧憬着他们的梦想，相伴度过美好的时光！廊道里设置的图书角，常有孩子静静地立在墙边，捧起书的刹那，他们意想不到的蜕变悄然开始。

第五幅　晨诵午读。这是四年级七班学生午读的场景。从一年级开始，每个清晨和午后，吴海燕老师和四年级七班的孩子们都是在诵读中度过的，感恩课程、自信课程、中秋课程，在共同的诵读中，孩子们悄然改变着。每天，当吴老师走进教室时，总被孩子们专注的神情感动着，这是教育最浪漫的事吧！

回想这些人、这些事、这些风景，是怎样的感觉呢？

静静地装饰着四小廊道的梅兰竹菊在诠释着这种感觉——梅的顽强、兰的纯朴、竹的正直、菊的坚守。

让每个人都闻到书香，成梅，成兰，成竹，成菊，成就各具品格的自己，是四小人朴素的梦想。这些不为外人所知的四小往事，似一颗颗散落的珍珠，书香就是那根柔弱又坚韧的细线，将珠子穿起来，成就了“让每个人都闻到书香”的学校文化。每件往事背后都沉淀着的习惯与信念，又渗透在学校的点点滴滴中，这本真的学校文化像空气一样无处不在。四小往昔事，书香漫校园，“此中有真意，欲辨已忘言”。

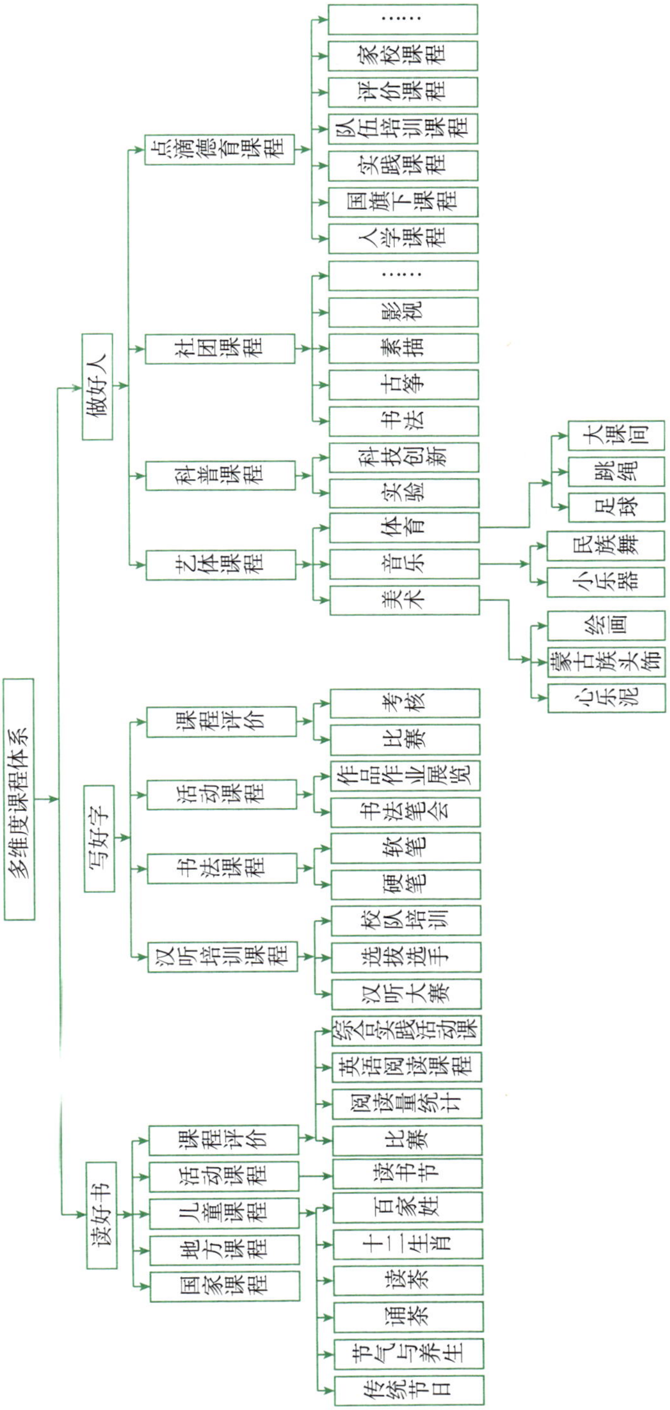
多维度课程体系
做好人
点滴德育课程
入学课程
国旗下课程
实践课程
队伍培训课程
评价课程
家校课程
……
社团课程
书法
古筝
素描
影视
……
科普课程
实验
科技创新
艺体课程
美术
心乐泥
蒙古族头饰
绘画
音乐
小乐器
民族舞
体育
足球
跳绳
大课间
写好字
课程评价
比赛
考核
活动课程
书法笔会
作品作业展览
书法课程
硬笔
软笔
汉听培训课程
汉听大赛
选拔选手
校队培训
读好书
课程评价
比赛
阅读量统计
英语阅读课程
综合实践活动课
活动课程
读书节
儿童课程
百家姓
十二生肖
读茶
诵茶
节气与养生
传统节日
地方课程
国家课程

图 4 多维度课程体系

第六章

教育实践——东胜一小

第一节 学校发展规划

一、历史沿革及现状

（一）历史沿革

东胜区第一小学（后文简称“一小”）建于1928年，至今已有八十八年的历史。1928年，在今羊场壕圪堵村一户名叫张进财的院子里，办起了东胜历史上第一所公立学校，委派光绪年间的贡生刘恒龄操持主办。1937年，受战乱影响，学校短暂停学。1938年，学校再开校门，改名为东胜城厢小学。1941年，学校送出了第一届毕业生，共十六名。这一年，在全盟会考中，东胜城厢小学获得总分第一名的好成绩。1950年，学校更名为东胜县第一完全小学，全县有十二名教师，八名就在一小；全县一百七十三名学生中，一小就有一百零六名。1960年，学校成为东胜县试行九年、十年制教学的首批实验学校，更名为东胜县实验小学。1972 年，学校大搞开门办学，办起面镜厂和蜡烛厂。1978 年之后，学校更名为东胜县第一小学。进入改革开放新时期后，学校坚持改善办学条件，建设教师队伍，致力于教学改革与研究，始终领跑地区教育，保持地区名校位置。

（二）学校现状

学校风清气正，全体教师立足岗位，具有大局意识，爱校如家，敬业奉献，尽心尽力，尽职尽责，向善向好。这种状态主要表现为以下三点：

第一，师生集体荣誉感强。在学校利益面前，师生放弃小我，为集体荣誉而战。

第二，教师怀仁爱之心。教师对每一个孩子不抛弃、不放弃，为此他们早来迟走，夙夜在公。

第三，几代人的坚守。一小优秀的文化得益于几代人的坚守，他们的自律、奉献与传承成就了一小，让一小在漫长的历史长河中，始终做时代的弄潮儿。

二、办学目标的形成及课程建设措施

（一）办学目标的形成

经过八十八年的办学实践，一小积累了丰富的办学经验，逐渐形成了自己的办学理念，并且始终领跑地区教育。后来在“传承与创新”的教育思想的指导下，一小形成了“见贤思齐　知行合一”的办学理念，培养目标是“培养知书达理的一小人”。

"知书达理"的标准是学会思考、遵守规则。"见贤思齐 知行合一"指的是在学校层面，调动所有的教育资源，致力于学生智商与情商的融合，指向于人的思考与行动的统一。"知书达理"的培养目标是引领师生形成智商与情商高度融合的核心素养。

确立"好学校"的标准：一是把学校的改革发展置于国家宏观政策坐标之中，谋求创新与突破；二是在规范管理的基础上，结合校情形成本学校既开放又相对稳定的办学特点；三是致力于"共治、法治、善治"的现代学校治理和体系建设，每个人都是学校发展的"利益相关者"，学校稳定地运行在法治轨道上；四是学校的"空气质量优良"，师生在这里"可以尽情自由呼吸"，他们"由衷地喜欢学校并期待来到学校"，这里不乏"触动师生心灵的故事"，他们在其中乐于学习，乐于发展，乐于创造。

（二）课程建设措施

有人把课程比喻成学生的营养餐。优质的营养餐需要精挑细做，从食材的选择到烹饪的环节，从营养的搭配到口味的调制，处处体现精与细。精与细的内涵是真心、真诚、真实。唯其如此，才能做出真正的营养餐。真心、真诚、真实是做营养餐的良知，也是一个教育人进行课程建设的良知。

但是，目前在课程建设中，一小存在以下问题。

一是定位偏高。浮躁之风波及学校，热衷于豪言壮语，热衷于品牌设计，热衷于"语不惊人死不休"，忽视了一个人成长的自然规律，忽视了一个个活生生的人，没有真心真意做教育。

二是违背规律。国家课程改革终究是着眼于整体。从整体上看，国家课程和校本课程的关系是主次关系。但现在有些学校将改革当作作秀，校本课程开发泛滥，各种课程层出不穷，少则不足一百门，多则一二百门。这都违背了教育规律。课程建设不是“以量取胜”，而是“以质取胜”，是“少而精”，不是“多而杂”。

三是旧的教学模式的影响。凯洛夫教学模式的遗留，制约着课程改革的步伐，影响着教师的教学方式，而教师的教学方式影响着课堂教学的变革。课堂教学的变革是课程改革的核心目标。

为避免在课程建设中出现这些问题，一小做了如下工作。

一是校长加强对课程建设的认识，充分认识到课程建设的重点是将各个学科的知识转化为学生的素质。校长提高了认识，才有利于对课程建设的领导。

二是注重教师素质的培养和提高。在课程建设中，教师是核心资源。教师的素质决定知识传授方式和引导方式。因此，一小采取不同的措施，加强教师素质的培养，提高教师队伍的素质。

三是因地制宜。课程建设要突出实效，因地制宜是关键。用实事求是的态度，真正脚踏实地做一些事情。准确判断课程建设的资源，依据实际，做好坚守，让课程真正成为学生的营养餐。

三、课程管理策略

（一）完善“三一”课程体系

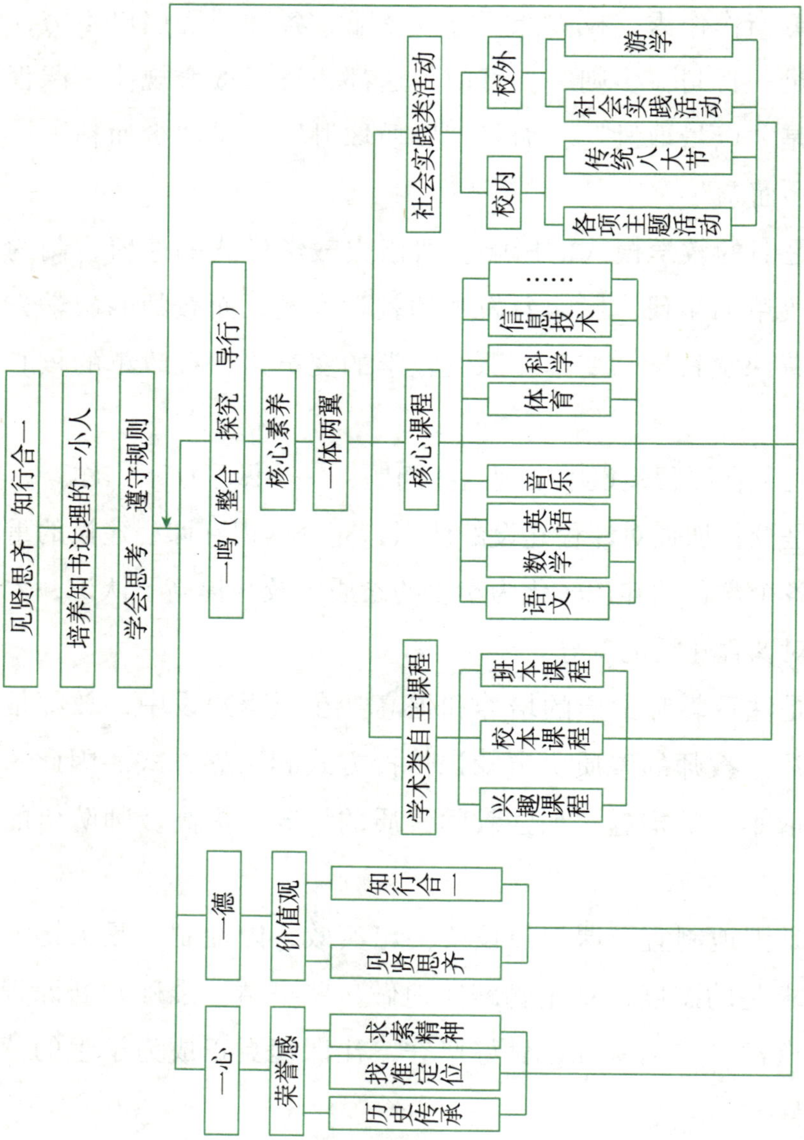

图 5 东胜一小“三一”课程体系

1. 一心

“一心”是一小人的集体荣誉感，是学校深厚、优秀的文化底蕴，这样的文化底蕴是学校进行课程管理的灵魂。“一心”指向三个关键词，即历史传承、找准定位、求索精神。

（1）历史传承。历史传承是了解学校的前世今生，让每一个一小人熟知学校近百年的发展历史。学校创建校史馆，采用开放的形式展示一小近百年的发展历史，由学校的发展历程展现国家、地区的时代变迁，增强一小人的社会责任感和自豪感。

（2）找准定位。学校在引领师生、家长了解学校历史的同时，引导师生、家长面对学校的历史与未来，找准自己的定位，即在学校历史发展的进程中，自身应该扮演什么样的角色。牢固树立角色意识，意识到学校的历史在延续，一小的每个人都是学校历史的书写者和优秀文化的传承者。

（3）求索精神。要继续书写一小优秀的历史，需要当代一小人具有不断求索的精神，探索学校发展的特色之路。

2. 一德

“一德”指共同的价值追求。一小人共同的价值追求是“见贤思齐　知行合一”。何为贤？即知书达理，就是学会思考、遵守规则。如何达成这种共同的价值追求？引进国学中“仁义礼智信”的优秀文化，实现对中华优秀传统文化的认同，进而实现对学校文化的认同。因为学校的优秀文化与中国传统文化是一脉相承的。

3. 一鸣

学校着力“一鸣”课程建设，“一鸣”课程体系的总体特点是整合、探究、导行，在结构上体现“一体两翼”的特点。“一体”是核心课程，旨在提升学生的基础素质，主要包括国家课程及其校本课程建设。数学学科体现独创、融合。“独创”体现在教师对于教材及课堂的驾驭，深度体现教师的教学思想。“融合”体现在数学与信息技术、科学课的融合，在国家课程的实施过程中，潜移默化地开展研究性学习。语文课体现单元整组教学和专业细分。“单元整组教学”体现大阅读观，整体感知同类文章的不同观察（即思考角度），并以此为载体，拓宽学生的阅读面，提高信息获取量。“专业细分”体现学校语文教师对课堂教学的精准把握，梳理出识字、阅读、作文、语文园地的教学方法，掌握语文专业项目的基本教学规律，以此奠定学生扎实的语文功底。英语学科注重趣味和基础。英语教师树立大英语观，注重英语学习与英语母语国文化联通。一年一度的英语节分不同的主题，诸如“走进英国”“走进美国”，引导学生感受英语母语国的文化，把英语学习与文化了解联系起来，提高学生学习英语的兴趣。同时，注重夯实学生英语学习的基础，将读和写紧密结合起来。音乐学科要让学生尽快识谱，结合教学实际，编写校本教材《彩色图形识谱法》。学校还重点发展民乐队特色项目。体育学科把体质检测项目作为体育课的重点，将体育课上成体质健康训练课，提高体育课的教学效率。科学和信息技术学科的教师注重实验和新技术在教学中的应用，带给学生更好的课堂感受。

“两翼”的一翼指学术类自主课程，包括兴趣课程、校本课程、班本课程；另一翼指社会实践类活动，主要包括校内活动和校外活动，其中校内活动有各项主题活动和传统八大节，校外活动有社会实践活动和游学。

"一鸣"课程体系致力于培养学生的核心素养，实现学校的培养目标，为学生的终身发展奠定基础。

（二）保障措施

1. 管理者素质提升

影响课程建设的因素有很多，如社会氛围、时代变迁、国际影响、社会发展等。校长身处课程建设的最前沿，课程理念及政策都要在校长层面得以落实。因此，深化课程改革对校长的专业化水平提出了更高的要求，校长不但要有行政领导力，而且要有课程领导力，最重要的是思想和行动的定力。这样的定力，源于对教育形势的深入研判，源于对教育规律的深刻把握，源于对教师职业的深刻理解，源于对每个学生的深度负责，源于内心对教书育人的深度认同。

2. 关注教师的道德困境

古德莱德言："我们的学校最终依靠的还是教师个人的道德行为能力。不管受到怎样严格的控制，教学要求不断进行选择，这些最艰难的选择从本质上讲是关乎道德的选择。"道德困境中的道德选择比较集中地反映了教师的道德考量，界定了教师的专业责任，表明了教师个体对好教师的意象建构和严肃的探索尝试。

关注教师的道德困境，就是要研究教师与专业生活中的重要对象（同事、家长、学生）互动时所遭遇的道德冲突，帮助教师分析面临的困境，增强教师的道德选择主体性和能力，提升教师的道德认知水平，帮助教师妥善地处理道德困境，进行道德选择。

3. 分工明确

针对“三一”课程体系，明确各位校级领导的分工，保障课程体系落到实处。“一心”和“一德”由学校党委书记负责。“一鸣”课程体系由三位副校长负责。

具体分工如下：

第一，核心课程由分管英语和语文的副校长负责。

第二，学术类自主课程由分管数学和其他学科的副校长负责。

第三，社会实践活动由分管德育的副校长负责。

4. 完善评价体系

（1）评价遵循的原则。课程评价遵循的原则如下：一是探索以“表现性评价”为代表的新型评价模式；二是探索从“过去取向的评价”走向“未来取向的评价”。就是说，“学习评价”不是对学生“过去”的终审判决，而是“始发站”。在这个“始发站”里，教师应当为每一个学生个性化的“未来”提供希望与展望，为他们提供闯入未来世界的勇气。

（2）评价制定的步骤。由分管校级领导制定各自的课程评价体系。

四、分校发展思路图

聚焦课程是学校三年发展的核心目标。真心、真诚、真实地开展课程建设，就要依托区域资源，实事求是，脚踏实地，真正发挥课程的育人功能。这也是深化课程改革的根本。

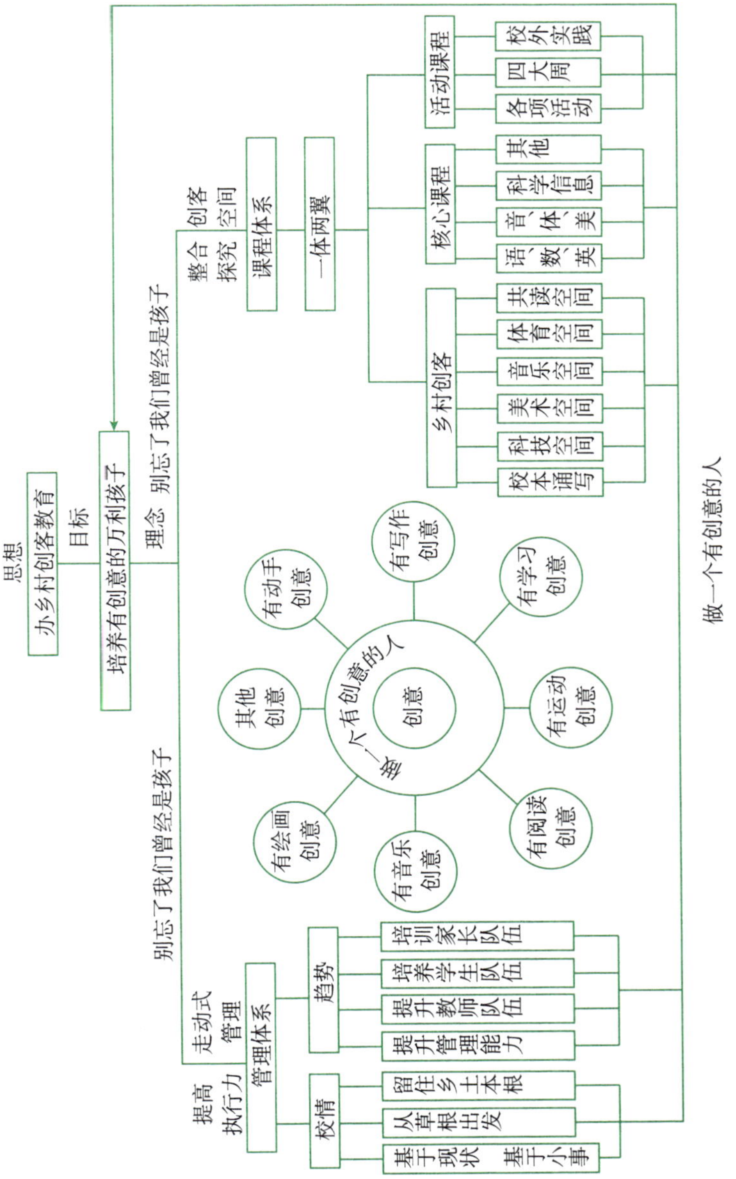

图6 东胜区第一小学分校万利小学办学思路框架图

第二节 回顾办学历程

这里以2018—2019学年为例，回顾在一小的工作。围绕2018—2019年度目标，梳理脉络，发现该年度在用简单的数学运算符号实现着年初描绘的蓝图。

一、加法：1+1>2

办学的核心是最大限度实现资源的最优配置。资源的最优配置，从来不是“1+1=2”的验算，而是要追求“1+1>2”的效果。

2018—2019年度，在实现资源最优配置的探索中，我主要做了两方面的工作：

（一）德育

1. 德育与安全

实行“一岗双责”管理机制，建立一小安全管理网格化、项目化制度，落实安全风险管控网格化、项目化，落实课间楼道、操场的安全管理，落实教师巡视纪律的常态工作，全员参与规范学生行为习惯。同时进行一日一检查、一周一排查、一月一总结的日常管理工作，及时发现并处理学校存在的安全隐患，给师生营造一个安全、平和的工作学习环境。

2. 德育与时代

开展“喜迎新中国七十华诞，做新时代好少年”系列文明实践活动：

（1）开学典礼。邀请武警战士到校与全校师生一同举行了庄严的升旗仪式，培养学生对国旗的热爱。邀请本土作家讲述年代故事，忆苦思甜教育使学生了解旧社会的苦，珍惜现在的幸福生活。举办诗歌朗诵和歌曲合唱活动，集体爱国诗歌朗诵让学生感受祖国的繁荣昌盛，千人大合唱《我和我的祖国》激发学生深深的爱国情感。

（2）烈士纪念日和清明节开展“缅怀先烈，学会感恩”系列活动。通过举办祭扫活动、参观纪念馆、观看红色电影、召开主题黑板报评比、开展主题班会等形式让学生学习英模事迹，感恩幸福生活。

（3）走进实践基地。2018 年 11 月，五年级学生赴未成年人实践基地，参加为期三天的实践教育活动。在活动中，学生学会思考、学会动手，创新思维得到激发，实践能力得以提高。

（4）走进地方名校鄂尔多斯市第一中学。2018 年 12 月，六年级学生走进地方名校鄂尔多斯市第一中学，进行为期半天的研学活动。通过走进一中学子生活、参观一中校园、与一中学子互动、收听励志讲座等形式，学生树立起目标，学会为梦想去奋斗。

（5）走进九城宫草原漫瀚小镇。2019 年 5 月，三年级学生走进九城宫草原漫瀚小镇，在学习自律的同时了解鄂尔多斯文化。

这些与时俱进的活动让学校的德育工作不单单局限于学校中，更贴近了学生的生活。

3. 德育与真情

在班主任工作室，教师通过“聚焦深度学习之个案学生转换”的研修活动，讲述自己与班级特殊学生的故事。梁媛老师的班有个特殊的学生名叫昊昊，小时候因为发烧导致感音性耳聋，对智力也有一定影响。他从入学开始脾气就特别暴躁，上操时会脱掉衣服，与同学打架时会一直不放手，上课的时候会突然离开教室到外面玩耍，有时候还会在课堂上大喊大叫。五年的时间，班主任要随时寻找离开教室的昊昊，在校外活动时要时刻把昊昊领在身边，在上其他课程时要专门派学生跟着昊昊。五年的学校生活让特殊的昊昊感受到了同学的友好和班主任的爱，他现在有了明显的转变——尊重老师，与同学友好相处。从这个孩子的转变中我能感受到德育需要责任心和真情。

学生实践暖人心。我校与哈龙老年公寓开展了长达十年的孝老敬老活动。这是一个条件比较差的老年公寓，我校的学生基本每学期都要去两三次。学生每次去看望老人，除了带牛奶等食品，还会为老人剪指甲、叠被子、收拾屋子，以及为老人们表演节目。孩子们表演的节目常常把老人感动得落泪。有的老人还会情不自禁地拉着带队老师的手为孩子们唱几句“山曲”。

4. 德育与学子

建立学生榜样队，一是毕业学子榜样队伍，二是在校学子榜样队伍。毕业学子榜样队伍建设通过校史馆展示、毕业学子风采宣传栏、毕业学子“学长一堂课”（在学校大型典礼中讲述自己的故事）等形式让在校学生以毕业学长为榜样树立目标。在校学子榜样队伍主要通过“美德少年”“新时代好少年”“三好标兵”“校园之星”“知书达理楷模”等评比表彰活动建立，同时通过每周一“学榜样，做贤士”栏目请在校榜样学生宣讲自己的故事。这支品学兼优、行为习惯良好的学生榜样队伍在学校内起到了德育示范作用。

（二）总校办分校

2019 年 9 月，在上级部门的引领下，学校开办了东校区，形成了一校三址办学的局面。总校办分校，实现“1+1>2”的效果，要做到“四个一”，即一体化管理、一站式服务、一个平台展示、一同借鉴成长。

1. 一体化管理

总校与分校实现一体化管理，主要体现在三个方面：一是总校向分校输出管理人员，从执行校长到总务主任，将学校的办学理念及管理制度带到分校；二是总校每周的行政例会，分校的执行校长要参加，听取总校的周安排，汇报分校的周安排，及时协调沟通；三是开学、教师节和学期末的全校教师大会，总校和分校教师共同参会，增进认同感。

2. 一站式服务

总校从后勤物资保障到教师队伍培训，为分校提供全方位的服务。2018 年 9 月，东校区经过短短一个月的筹备就顺利开学，总校一站式的服务起到了至关重要的作用。两个校区都存在经费短缺的问题，总校总是在自身经费不足的情况下，尽力为分校提供服务。以 2019 学年为例，总校为万利分校支出培训费及奖励五万元，为东校区支出两万元，尚有十六万元欠债。

3. 一个平台展示

总校和分校互为平台，共同为提升教师的水平提供机会。总校教师送课、送讲座到分校，分校教师送课、送讲座到总校，互相交流，共同提高。2019 年度，学校举办了第二届“我与课堂共成长”青年教师赛课活动，总校和分校青年教师同台竞技，促进了青年教师的成长。

4. 一同借鉴成长

总校和分校在发展的过程中，互相取长补短，实现同步发展。例如，东校区学生从做操到路队再到课堂，管理规范，严谨有效。万利分校的仪式感和学校文化的创设，处处体现着师者仁心。在互相借鉴的过程中，实现各美其美、美美与共的目标。

二、减法：抓住核心

学校工作千头万绪，纷繁复杂。围绕蓝图，做好减法，就是要抓住学校工作的核心——聚焦深度学习。

（一）认识

学校的改革发展要置于国家宏观政策坐标之中，进而谋求创新与突破。国家启动新课程改革的初心就是要从根本上转变学生的学习方式。一小经过多年的探索与研究，将深度学习作为新课程改革的攻坚之战。

这里需要明确以下三个问题：

1. 对深度学习的理解

首先，明确概念。深度学习不是浮在表面的记忆性的知识学习，而是深入下去的有效学习，目标是培养学生的创造性思维、提升学生解决问题的能力，改变学生的知识结构。其次，深度学习的策略包括研究性学习、多维表征学习、做中学、主动学习。具体策略是为学生提供脚手架，通过提示来帮助学生自己解决问题，也就是为学生提供学习的机会；引导学生学会反思，对学习过程进行回溯和再思考；经历两个阶段，即抽象知识具体化以及将具体知识进行抽象概念化表述；在教学过程中始终关注学生的情感投入。最后，优化学生深度学习的教学机制、内容与方式。

2. 深度学习与学校培养目标的关系

一小的办学理念是“见贤思齐，知行合一”，追求的目标是培养知书达理的学子。知书达理的具体体现是学会思考、遵守规则。深度学习的核心目标是改变学生的知识结构，培养学生的创造性思维、提升学生解决问题的能力。深度学习的核心目标与一小的培养目标完全吻合，而且深度学习是一小实现培养目标的最好抓手。

3. 深度学习与课程建设的关系

课程建设是学校实现办学目标的根本途径。课程建设的基本原则是以质取胜，追求少而精，“质”即追求课堂质量，课堂质量提升的标准就是引导学生深度学习。

（二）策略

一小围绕深度学习这一工作核心，主要做了如下探索。

1. 氛围

首先，管理者队伍进行自身修炼。在专业成长方面，校领导要提升课程领导力，学会在学校课程改革中多问几个“为什么”。校长理解课程建设的目标，理解课程改革的意义，不能仅仅停留在“为谁改”“改什么”“怎么改”的层面上，还要深入思考“为什么改”“改了怎样，不改又会怎样”“改的意义和改的价值何在”等问题。只有深入思考，才能找到科学的实施路径。

学校课程建设是一个合作共生的过程，校领导要为教师参与课程建设提供民主、开放、合作的氛围，组建强有力的教师研究团队，共同探讨课程建设问题。同时，要征得社区、家长、学生的理解、参与和支持。尤其要吸纳家长参与课程建设，充分调动家长课程资源，也为课程建设营造良好的外部环境。

中层干部需要在提升的不同阶段发挥不同的影响。在制订方案阶段，要有问题意识；在执行方案阶段，要有调控、沟通、监管的能力；在总结阶段，要有分享和推广的工作过程。我校的管理干部工作量比较大，都是在满工作量的情况下承担管理任务，凭着工作能力、奉献精神以及全体教职工的大力配合，将学校的各项管理工作做得井井有条。

其次，将新时代党风建设与制度建设紧密结合起来，推进学校民主化管理的进程。做到以下四点：其一，明确新时代的特征，加强意识形态建设，增强教师对新时代的认知，主要通过书记校长讲党课、外出学习汇报分享、活动主题围绕新时代等方式，引领教师从思想上、行动上进入新时代；其二，严格执行“三重一大”决策制度，充分发挥党支部监督引领作用，让决策运行在阳光下，透明、公平；其三，增强法律意识，确保学校管理在法治轨道内运行，做到人本管理与底线思维的均衡；其四，形成合力，学校党支部充分发挥党的作用，与工会联手，针对老师工作任务重、压力大的特点，通过组织开展迎新年才艺展示等一系列生动而又有意义的活动，让教职工在忙碌中感到充实而开心。这些活动体现着学校对教职工的关心与爱护，使学校充满“人情味”，营造出良好的工作氛围，从而激发老师们对工作和生活的热情。

再次，完善考核评价制度。考核评价制度体现考核促进发展的原则，在充分调研的基础上，设计考核项目和标准，最终体现“每个人都是重要的”的价值取向，让教师在评价中找到自信，找到尊严，获得成就感，最终实现自我提升。将考核评价整合，分为四个层次：一是职称评定考核制度，二是绩效工资考核制度，三是学期末考核奖励制度，四是即时考核奖励制度。四个层次是一套方案，易于操作，也易于教师依照考核修正行为。多管齐下，在学校营造良好的创业氛围，力求让教师心无旁骛、聚精会神地投入教学工作，促进教师创造力的提升。

2. 引领

学校在引领方面，形成了良性互动。主要体现在四个层面：一是专家引领。通过各种渠道，联系各学科的专家，开阔教师的视野。二是管理团队的引领。学校的管理团队，除做好服务工作外，更重要的工作是不断加强学习，提升自身的专业水平，引领学科的发展。三是骨干教师团队的引领。学校的骨干教师团队不论是在教研活动中，还是在日常工作中；不管是在教研组内，还是在区域内始终发挥着重要的引领作用。四是优秀教师团队的引领。优秀教师团队由老、中、青三个年龄段的教师构成，有即将退休的老教师，有正值成熟期的中年教师，有登上讲台不足两年的青年教师，他们对教学工作严谨的钻研态度，影响带动着更多的教师。四个层面的引领，使学校的教学研究进入良性循环的轨道。

3. 组织

学校通过精心组织教研，体现动静结合的特点，为教师发挥创造力助力。“动”体现在为教师发展搭建平台，创设与各地教师同台竞技的机会。2019 年度，我校教师先后与北京、萨拉齐、杭锦旗吉乡等地的教师同台竞技，为区域教研做示范课。教师紧紧围绕“聚焦深度学习”的主题，在竞技中呈现探索改变学生知识结构的路径。同台竞技激发了教师发挥创造力的热情，促进教师对于构建学生知识结构的深度思考。“静”体现在将教研做成常态。一小有优秀的教研传统，在此基础上，紧紧围绕“聚焦深度学习”，夯实“六大工程”，促进教研成为常态。“六大工程”即：

（1）集体教研互助工程。我校教师以学科组为单位进行集体教研，每周利用集中的两节课时间组织教师开展集体研训活动，包括研读新课标、分析教材、分解备课任务、审定教学设计、研究有效作业设计等系列活动。

（2）以赛代训赛课工程。为进一步促进青年教师夯实基本功，提高教学水平，加快青年教师成长，我校开展了一系列青年教师素养竞赛，如“我与课堂共成长”“青年教师说课比赛”“青年教师班主任技能大赛”等。这样的活动已经成为传统，不仅为青年教师搭建了展示自我的平台，还调动了青年教师不断学习、共同进步的积极性。

（3）主题教学研课工程。针对不同学科中教师们普遍认为较典型、有难度的一些课型或课例进行讲课、评课、研讨交流，利用集体的智慧攻坚克难。数学学科围绕“核心问题”进行了一系列研课；语文学科围绕“一主两翼”课程建设进行了一系列教学研究，包括低段的专题识字研究、中高段的整本书共读和读写结合研究、有效作业设计等。这些主题研究真正实现以问题为出发点，以集体备课为抓手，通过一课多讲等系列研讨解决教学困惑，使集体备课达到高效。

（4）师徒结对青蓝工程。为了促进青年教师迅速地成长，同时充分发挥老教师的传、帮、带作用，我校一直以来开展“师徒结对”活动。此活动收到了良好的效果，师徒之间相互听课、评课、研课，不断提高自身的教学水平和业务素质。

（5）读书笔耕养心工程。为了让每位教师树立“让读书和笔耕成为习惯”的意识，我校每学期都会为教师推荐一本教育专著，要求教师每学期写不少于 5 000 字的读书心得，并在学期初开展全体性的读书交流活动。

（6）他山之石培训工程。为了使教师们的教育理念、方法不断更新，我校采取了“请进来”“走出去”的培训模式。本学期，邀请全国知名教育研究专家王文丽、吴正宪，教育机构学景教育进校园，开阔教师视野。结合学校的实际情况，抓好区域培训和外出学习的机会，采取集中培训、分层培训、二次培训等形式相结合的方式进行培训。

4. 评价

学校紧紧围绕“聚焦深度学习”，探索课堂教学和学生学习质量的评价体系。评价体系本着“评价是为了提高”的原则。课堂教学方面，在课堂观察上做了探索。英语学科设计小组合作观察单，观察记录学生合作效果、参与度，为调整教学做参考。数学学科课堂观察核心问题的设计、知识体系的构建，观察所得成为评课中重要的研究方向，引导教师的课堂设计指向学生的发展方向。学生学习质量评价方面，体现“学科 +”的特点，紧紧围绕学生深度学习的核心——主动构建知识体系，一方面探索命题的方向及题型，另一方面探索测试的趣味性，双管齐下，发挥测试的导向作用。数学学科开展了首届“数学 +”活动，一、二年级的竞赛项目有七巧板、拼图、24 点游戏、讲数学故事、瞬间记忆、数独等。语文学科体现“1+3”模式，“1”是试卷检测，

“3”是单项测查、展示、竞赛。展示有诵读、写字；竞赛有汉听比赛、古诗词擂台赛、阅读知识竞赛。

这一系列举措，引导教师发挥创造力，促进学生深度学习能力的形成。

三、乘法：借助资源

（一）优化资源配置，助力深度学习

1. 与家长形成合力

学校致力于与家长形成合力，促进学生素质的提升。学校以“见贤思齐　知行合一”为理念，以“共信、提升、双赢”为原则，有的放矢地开展家长工作。

2019 学年，围绕“聚焦深度学习”，学校在开展家长工作方面，重点做了以下几项工作：

一是定期与校级家长委员会成员商讨学校发展策略，汇报学校发展思路，征求意见与建议。

二是成立家长学校。家长学校独立于家长会，是学校专门针对家长的培训机构，有专门的课时和课程要求。2019 学年，学校对一年级家长做了一次培训，对四年级家长做了一次培训；对一、二年级各召开两次家长经验交流会。几次培训均以“聚焦深度学习”为主题。

三是建立“校长约谈”机制。每学年，分别约谈问题突出班级的家长。

2. 引进优质教育资源，拓宽办学渠道，提升科学教育质量

2019 学年，学校主要做了四件事：一是与中科院深圳先进

技术研究院实验学校建成“科学 + 教育联盟学校”。该校为我校开展“博士课堂”同屏互动、学生研学、游学互动活动，同时为我校培训科技教师，引进目前科学教育最先进的项目——机器人、科学实验、创造力实验项目。二是实现了博士进课堂，为今后博士课堂教育奠定了基础。鄂尔多斯电视台对一小的科学教育情况进行了报道。三是鄂尔多斯市唯一一家卡丁车项目落户一小。在第五届科技节开幕式上，我们学校的少年创客课程受到了与会代表的好评。四是将管乐、围棋、魔方等项目引进学校，拓宽课程建设的渠道，全方位促进学生的深度学习。

（二）利用资源

2018 年 5 月，我参加了教育部第二期中小学名校长领航班学习。领航班里，各地名校校长云集，每一位校长都是我学习的榜样，每一所学校都有值得我学习和借鉴的经验。同时，我被分配到广西师范大学基地学习，导师都是大学教授、教育专家，他们的资源将成为我工作的动力。

四、除法：分子决定格局与质量

如果把学校的教育工作看作是分母，那么教师的勤奋、责任感、能力等特质就可以被看作是分子。在分母不变的情况下，分子决定了学校的格局与质量。

（一）教师的精神接力

学校风清气正，每一位教师立足岗位，具有大局意识，爱校如家，敬业奉献，尽心尽力，尽职尽责，向善向好，主要表现在以下五点：

1. 集体荣誉感强

一小的教师们一心维护学校利益，在学校利益面前，放弃小我，为集体荣誉而战。学校里一位教师的孩子在上幼儿园，这位教师在幼儿园做家教经验交流时，不忘宣传一小，说是一小的氛围影响着她，将浓浓的书香带入家庭。2018 年 12 月 20 日，鄂尔多斯市义务教育学校教育教学工作会议在我校举行。此前的 12 月 10 日，我校接到会议通知，时间紧、任务重，不过全校教师都能以大局为重，服从学校安排。在教师们的共同努力下，会议如期顺利举行，收到了良好的效果，受到与会领导的一致好评。二年级组刘巧兰老师作为快退休的老教师，为了不影响工作，生病了仍坚持上班，和组里其他教师一起备课，准备现场会公开课。三年级组杨雪洁、张雅榛老师的孩子感冒严重，而两位教师为了完成公开课的任务顾不得照顾孩子，即便如此，她们也没有丝毫抱怨，而是加班加点地工作，最终两节课受到一致好评。三年级组温跃老师参加工作不到三年，自愿用业余时间学习，承担了德育多元育人整合课。教美术的王晓红老师身体虽不太好，但接到学校布置的讲课任务后，义无反顾地承担下来，所授美术课收到了良好的效果。

2. 怀仁爱之心

一小的每位教师都怀有仁爱之心，对每一个孩子不抛弃、不放弃，为此，教师们早来迟走，夙夜奉公。四年级的丁耀仙老师总能把不及格的学生教成及格的学生。很多教师生病不舍得请假，生怕耽误学生的课程。

3. 全身心投入

杨雪洁老师作为三年级老师，在本职工作很繁忙的情况下，还认真准备、全身心投入，承担了一年级区域教研活动，在区域教研活动中所授一年级上册“11~20 各数的认识”一课，赢得了区域教师及教研中心领导的高度赞赏。

4. 充满能量

一小教师总是充满能量，因为他们从来没有停下学习的脚步。教师们不断前行的力量来源于对学生高度负责的责任感。

5. 几代人的坚守

一小优秀的文化得益于几代人的坚守，他们的自律、奉献与传承成就了一小，让一小在漫长的历史长河中，始终能做时代的弄潮儿。

（二）教师的创造力

教师的创造力表现在三个方面：

1. 创造性使用教材

各科教师在使用教材上体现出来的创造性，让学校的课堂教学质量提升的同时，也让学生的素养实实在在地在课堂上得到提升。

（1）语文学科。一、二年级语文组的教师们，针对学生的学情，设计了专题识字课型，将生活识字、阅读识字、趣味识字、识字竞赛融入一堂课中，环环相扣，充分调动学生识字的兴趣，提高学生自主识字的能力。

中高段的语文教师们将教材作为例子，将各种教学方法内化为符合自己学生学情的教学方法，体现出独特的教学个性。围绕教材的重点难点，大胆取舍，利用有限的教学时间，让学生得到有效的训练。

（2）数学学科。数学学科本着“聚焦深度学习”的理念，对数与代数、图形与几何、统计与概率、综合与实践四个领域进行整体研究。以教师构建完整的知识体系为基础教学，引导学生主动构建知识体系，改变知识结构。课堂上做到“四关注”，即关注知识结构和体系、关注核心问题的设计、关注深度练习题设计、关注学生学情分析。教师们精心设计学习单，将学生的探究、体验、练习紧密结合起来，创设由旧知导入新知的情境，帮助学生建构系统的数学知识体系，培养学生的数学思维能力。同时，对教学中易忽略的练习课和试卷讲评课两种课型进行研究。此外引进旨在训练学生数学思维的思维训练课，引导学生学习思考、独立思考。

（3）英语学科。英语教师将课前三分钟口语训练和学习单设计引入课堂，提升英语课堂效率，提高学生运用英语遣词造句、布局谋篇的能力。

（4）音乐学科。音乐教师将民族乐器引入课堂，在学习歌曲时，用民族乐器来伴奏。有些学生非常感兴趣，经常利用课余时间找音乐教师学习。

（5）班主任的探索。班主任探索多元育人整合课的教学方法，将德育、语文、数学、体育、科技、艺术等各学科教学内容有机整合，将多样化的教学方法有机整合，引领着学区多元育人整合课的方向。温馨教室建设和多元育人整合课两项活动，一直引领东胜区班主任工作室前进和发展。温跃老师在教育教学现场会上所授的三年级多元育人整合课得到领导的一致认可和好评。

2. 辐射带动

一小德艺双馨的教师队伍，吸引着周边的学校，他们都希望用一小优质的教师资源，带动本校教师的成长。虽然这无形中给学校教师增添了负担，但是教师们毫无怨言，全情投入，或是帮助教研中心组织区域教研，或是与“手拉手”学校教师结对，或是去分校献课、讲座，用自己的真诚，尽自己所能，帮助每一个需要帮助的人。

3. 濡染观摩

“见贤思齐　知行合一”是一小的优秀文化，是“学校之水”，每一位老师在其中濡染观摩，不求而至，不为而成。教师的创造力就在这样的氛围中形成，每一位身处其中的教师都会受到潜移默化的影响。王丹、温跃、范小平三位青年教师在教研活动中献课，受到好评；张馨予、丁耀仙、曹映雪、白建强四位教师在参加东胜区教学能手赛中脱颖而出，获得“东胜区教学能手”称号。新分入学校的十三名刚毕业的教师敬业奉献，早来晚走，受到家长的好评，一学期下来，他们的业务水平有了明显的进步。

（三）存在的问题

1. 氛围创设

从显性文化到隐性文化的创设，都需要进一步努力。加强对新时代的理解，践行新时代思想，使之成为学校文化的一部分。

2. 创造力研究

教师创造力提升的几个环节尚未形成体系，有待完善。

3. 课程建设

学校的校本课程的质量需要提升，办学的方向要有突破。综合学科发展不均衡。英语学科质量需要进一步提升。

4. 深度学习的研究

教师需进一步研究深度学习，促进学生学习方式的改进。

5. 家校合作

家长队伍的建设需要新的思路和做法，最大限度地减少内耗。

6. 立德树人

德育工作要贴近学生的最近发展区，入心入脑，最终才能成为学生的价值观。“三育人”课程需要落实、坚守。

7. 数字化校园建设

数字化校园建设仍处于低水平运作，主要表现为校内资源整理、再利用随意性大，网络交流、数据分析、利用网络引导学生自主学习尚未广泛开展。

（四）工作的思路

针对以上问题，目前的工作思路如下：第一，创设氛围，营造良好的育人环境。至于如何营造良好的氛围，前面已经讲过，这里就不再赘述了。第二，聚焦深度学习。首先，明确为什么做“聚焦深度学习”的主题研究；其次，致力于教师创造力研究；最后，配置资源助力深度学习。第三，完成学校显性文化创建。第四，多元评价，引领学生自律。第五，探索数字化校园建设，深入构建分享文化。

未来的路上，我们需要的是努力再努力的精神、探索再探索的勇气和坚持再坚持的耐力。我们深信，我们一小人在上级主管部门的正确引领下，一定会继续做好办学的计算题，践行我们的承诺——“见贤思齐　知行合一”，培养知书达理的一小人。

五、讲好学校故事　内化品德修养

面对新时代、新要求，学校创新工作思路，回答好“培养什么样的人，为谁培养人，怎样培养人”这一根本问题。路径有二。

（一）梳理办学的核心价值体系

解读百年一小，梳理出学校办学的核心价值体系：办学理念是“见贤思齐　知行合一”，培养目标是培养知书达理的一小学子。

（二）依据目标，讲好故事

学校故事承载着学校的价值追求和孜孜以求的精神气质，让美好的故事成为学校里自然流淌的空气，使师生、家长浸润其中。现在的故事宣讲者是未来故事的主人公，真善美的种子就此播下，品德在美好故事弥漫的空气中得到内化。

1. 讲好历史故事

学校历史故事和传统文化故事传递着民族价值观。学校将廊道设计成开放的展馆，一心楼以学校历史为主题，呈现学校百年历史。鄂尔多斯地方历史也在廊道里呈现。一德楼以传统文化为主题，用传统美术技法展现传统节日、书画、建筑、戏曲等内容。开放的展馆让师生随时随地感受学校历史及传统文化元素。教师可以挖掘这些元素的教育潜力，开发出展馆课程，组织学生讲历史故事和听历史故事。

2. 讲好时代故事

讲好时代故事，树立家国情怀。如开学典礼上，邀请学者讲述年代故事；升旗仪式上，以国家功勋为主题，通过情景剧、演讲、朗诵等形式，讲述国家功勋的故事；学校的宣传媒介，诸如广播站，为同学们推送新时代的新故事；微信平台推送大凉山支教教师的支教故事；等等。

3. 讲好成长故事

建设课程，讲好学生成长故事，分为三个层次，即伟人课程、学长课程、学伴课程。伟人课程与学科整合，探索单元整组教学与整本书阅读结合的路径，让伟人形象更加立体，触动学生内心。学长课程的构建是由“学长一堂课”和“走进学长的学校”两部分组成，邀请优秀学长进校园为同学们讲励志故事，六年级学生去优秀学长的学校听他们的励志故事。学伴课程的构建是通过活动建立榜样队伍，利用“学榜样，做贤士”仪式请榜样宣讲励志故事。

4. 讲好家教故事

建设家校课程，利用“家长一堂课”，邀请家长分享家教故事。

5. 讲好班级故事

班级故事通过“德育秀场”“心灵的对话”故事集等形式传播。

6. 讲好办公室故事

20 世纪 80 年代，校长骑着自行车到车站接专家到学校指导教学；年轻教师看到快退休的教师，依然那么认真地在批改作业，自己不敢懈怠了……一个个故事从办公室流出，一个个故事汇聚成学校良性发展的滚滚洪流，一个个故事传递着百年一小的精神。讲好办公室故事，从校长做起，提升领导力，营造风清气正的氛围，让美好的办公室故事在学校流淌。

第七章

我的教育梦

提到教育梦，几个梦境浮现在我的脑海。

一、梦境

语文课堂上，教师和同学们在上《观潮》一课，教师先在白板上播视频，播放的是钱塘江大潮来袭时的景象。看完视频，教师让同学们描述自己所看到的景象，然后再阅读课文看其是怎样描写大潮的，对照自己的描述与课文的描述有什么不同，思考哪种描述更好。此环节没有标准答案，只要理由合理学生可以认为自己的描述更好。这个环节结束后，教师又播放了中央电视台跟踪拍摄亚马孙河大潮的纪录片，看完之后，教师让学生描述自己所看到的景象，再请同学们回想记者是怎样描述的，之后再分析哪种描述更好，并讨论为什么好。最后，教师让学生比较两个不同地区的大潮有什么异同，并且将其写下来。写的时候，学生可以搜集资料，但不能照抄，要将资料内容变成自己的话。写完后，要列举自己参考的相关资料。

数学课堂上，教师要讲黄金律，先从写字本说起。写字本有方格、田字格、米字格、井字格等，这些写字本体现黄金律。再讲启功先生对字的结构的理解："用笔何如结字难，纵横聚散最相关。一从证得黄金律，顿觉全牛骨隙宽。"启功先生书法的灵魂就是数学中的黄金律。教师接着又推荐了数学阅读书目《什么是数学》《数学童话故事》《数学斗智故事》，让同学们任选一本进行阅读，并撰写读后感。

课间时，孩子们可以选择自己喜欢的课程和喜欢的教师。上课铃响起，走进教室，他们发现，数学老师毛笔字写得竟然这么好；走进教室，他们发现，语文老师还会教舞蹈；走进教室，他们发现，英语老师成了口才训练老师了；走进教室，他们发现，美术老师要与他们一起研究剪纸的发展史；走进教室，他们发现，张欣欣的妈妈给他们教古筝……

翻开教育类图书，找到那么多让我们感觉无比挫败的新名词，找到那么多让我们云里雾里的新做法，找到那么多让我们无法理解的新理论……面对困境，我定下心，终于拨云见日，找到了浸润真情的表达，找到了接地气的做法，找到了表象后面隐藏的规律……噢，我终于走出梦魇，长吁一口气，似乎借到一双慧眼，将教育乱象看得清清楚楚，明明白白。

俯视绿树掩映的校园，校园好像一个微观的盆景。进得门来，行走于校园，“未墨园”“百草园”“北斗七星”“地书园”……移步换景，寓教于雅韵。粉墙、流水、亭阁、芦苇、草坪……自然之声在这里交织，自然之色在这里辉映，唯美又和谐。它们共同诉说着一个心声：天人合一。

教室里，建了小“动物园”和小“暖棚”，养蛐蛐，种植物，研究蛐蛐的成长，观察植物的生长。课后，学生与教师、家长一起走进自然博物馆，走进植物园，不是游玩，而是搜集关于蛐蛐和植物生长的资料。他们发现，原来这座城市有这么丰富的学习资源。在科学博览会上，孩子站在自己的展板前，对前来参观的其他学校的同学、教师以及博物馆工作人员和普通观众，就自己的研究课题侃侃而谈。这是“城市优势”项目。

二、解梦

这些梦境像海市蜃楼，虽然反映了现实，却遥不可及。梦境会说话，梦境诉说着怎样的教育期待？

期待学会选择。教育信息化是现代教育的标志，它的内核是什么？是“校校通、班班通、人人通”吗？这“三通”仅仅是教育信息化的外壳，它的内核是师生的信息素养。信息素养的标准就是选择。在信息的海洋中，正确地选择与分析信息，正确地处理信息，才是我们的师生应具备的素质。梦境中的语文课堂就是在培养学生的信息素养，教师利用“三通”网罗海量的与“潮”有关的信息，让学生在筛选中学会分析与选择。

期待拥有眼界。我们一再审视课堂、教师、学生，不断追问：“教师的工作到底要做什么？”我的答案是，教师的工作绝不能仅限于教给学生知识，更重要的是要给学生打开一扇窗，打开一扇门，让学生看到外面更大、更美、更复杂的世界。为什么我们总是做得不好，只能将美好的愿望付诸梦境？道理很简单，教师的眼界非常重要，你的眼界有多宽，孩子的舞台就有多大。像梦境中的数学课堂“顾左右而言他”，打破学生的思维定式，跳开数学看数学，让学生发现本质所在，切身感受到数学的文化魅力和实际价值，让学生拥有数学的视野。

期待教育走向理性。翻看各种教育类书籍，新思潮、新观点、新做法虽层出不穷，但真正坚持下来并一直做下去的有多少？“你方唱罢我登场”的繁荣背后，是点点流星闪过之后的沉沉黑夜。无论在教育的哪个领域，中国依然没有形成一套成熟的理论，诸如教师培训、教师评价、学生评价等，依然没有质的突破。比如一篇研究减负的文章，光是题目就叫人费解。或许是我才疏学浅，但专家研究的目的不是为了解决最根本的问题吗？如果这些研究成果无法转化成一线的实际行动，研究它又有何用？我曾读过一本外国的教育著作，书名是《校长的平衡艺术》，书中连师生中哪些行为是不能容忍的，这些不能容忍的行为如何处置等问题，都写得明明白白。两种研究的不同反映着理论研究出发点的不同，是追求“语不惊人死不休”，还是追求问题的解决？归根结底是一个字——“实”。层出不穷的新概念、新做法，浮于表面的昙花一现的引领，让教育人似浮萍，永远扎不下属于自己的根。教育是慢的事业，教育是纯的事业，教育是静的事业。教育的本质决定它必须远离炒作、远离喧嚣、远离空洞。

期待个性化教育。我们一直在追求学生个性化的发展，为什么目标很清晰，却总是操作不到位？教师的素质是关键。个性化发展需要个性化的培养，个性化的培养需要学校创建适合学生个性化发展的课程。课程创建的主体是教师。个性化发展的课程要求教师一专多能，像梦境中的课堂，语文教师可以教舞蹈，美术教师可以与学生一起研究课题。拥有这样的教师队伍才可以让学校的课程更加多样，满足不同学生的发展需求。教师只有“一专”，没有“多能”，只注重知识的传授，忽视素养的培养，会让学生丧失发展多种能力的机会，不利于进行个性化教育。

期待“天人合一”。“儒者则因明致诚，因诚致明，故天人合一，至学而可以成圣，得天而未始遗人。”教育孩子的最高境界是“天人合一”。“天人合一”有两个统一：自然与人的和谐统一，学校文化整体系统的和谐统一。唯美而幽雅的环境，人身处其中，心情舒畅，与环境合二为一，相互传递正能量。爱环境、爱自己、爱他人，这就是“天人合一”的内涵吧。校园整体色彩、导示形象系统、墙面文化、景观小品设计，不能是孤立的一景一点，而是整个校园的系统性的设计与表现。这样的设计与表现，体现的是温馨的家的氛围，使师生身处其中，既能放松又能提升品位，这是真正为师生接受与喜爱的校园环境。

期待城市优势。教育是一个由小到大的系统，家庭、学校、校外教育机构、社区等在不同的层面为学生提供学习的机会。但在实际的教育研究和实践中，人们更多关注课堂教育，校外教育并不被人重视。这就造成了大多数对学习的研究都局限在一个单一的系统内。而很多学习的关键性体验恰恰是发生在家庭、社区、城市等社会环境中。北京大学饶毅教授提出，中国学生急需加强思维训练。他认为，在外国留学的中国学生，擅长做实验的多，背理论的多，但是理论思维强的少，背理论的能力不等同于思考、提出理论的能力。这样的现状缘于没有把教育作为系统来做，违背学习的规律，只重视知识的传授，没有引领学生体验知识产生的过程。城市优势就是对城市资源进行整合性研究和实践性探索。例如，将城市的植物园、动物园和博物馆整合，用课题引领学生到这些场所进行调查和研究，真正发挥城市教育资源的作用。发挥城市优势是充分挖掘城市的教育资源，让城市发挥教育的作用。因此，城市教育不是我们理解的到这些地方去参观、游玩、放松，而是有具体的课题，需要到这些地方搜集资料，形成研究报告。这个过程是对学生进行思维训练的最佳过程。

三、追梦

我的梦境于我而言，是我向往却未曾实现的，所以成为我的梦境。这一个个梦境，是我对教育的深情期待。如果仅仅是期待，那梦境只能是黄粱一梦，空留遗憾。

这份期待，怎样走出我的梦？

一要有勇气。站在楼道里值周，总有孩子笑眯眯地看着你，那期待的眼神分明是想让你给他一个微笑。实现了这样一个小愿望，会让他满足地走进教室。孩子们纯净的心灵，我们是否感受到？上午，学校举行毕业典礼。中午，走出学校，一个刚毕业的同学远远地向我挥手，“校长再见！”声音有些哽咽。说完，这个学生把头深深地低下了。那一刻，在我内心涌动的热浪变为两眼的潮湿。孩子们的真情，我们是否感受到？感受到这份真情，我们就有追梦的勇气！

二要坚守。理想很丰满，现实很骨感。现实变得丰满，梦想才会成真。卓立校长办学成就斐然，近五十年的办学经历，在他身后留下的是全国名校——史家胡同小学。从史家胡同小学退下来后，年近花甲的卓立校长进行二次创业，润丰小学的一草一木、一砖一瓦都渗透着他几十年办学经历中积淀下来的对教育的理解。接待我们时，他拎着学校的钥匙盘，挨个儿打开功能室、教室、体育场的门。看着精神矍铄的卓立校长娴熟地打开每间教室、每间功能室的门，我真正理解了一个人是怎样将现实变得丰满起来的。

梦，是真情的呼唤；梦，是深情的期待；梦，是智慧的坚守。呼唤、期待、坚守，让现实丰满起来，我的教育梦必将在孩子的成长中变为现实……

第八章

学校文化与思维方式

两天的讲座，两位专家从不同的角度阐释了思维方式与人的素质的关系。一个问题始终在我的脑海中萦绕：学校文化与思维方式的关系是什么？

一、互动

2012年是东胜一小的“学校文化建设年”。什么是学校文化？似乎是一个很虚无的概念。之所以说它虚无，是因为学校文化摸不着，看不到，却又切实地存在于学校中。有优秀的学校文化，也有落后的学校文化；具有优秀文化的学校一定是一所优秀的学校，而存在落后文化的学校一定有一些问题。

优秀的学校文化如何追寻？前几天，我在与领导的交流中，心里很受震动。与领导谈起学校管理的思路时，我说力求用学校文化影响人，领导很不以为然地说：“学校文化是一个很大的概念。”我突然想到，追寻学校文化，如果没有具体的抓手，学校文化最终将沦为空谈。

学校文化的抓手就是人的思维方式。追寻学校文化的本质是通过优秀的文化影响人的思维方式，使人的思维方式更趋于理性和科学。文化的影响力是潜移默化的，区别于说教，是在日复一日、年复一年的积淀中自然形成的。人们身处其中时，自然地受到熏陶，形成对待问题与解决问题的基本思考方式，最终影响人的行为方式。这就像各国的年俗、婚礼习俗，经过多年的坚守，已成为人们基本的行为方式，而这种行为方式的背后是人们对待新年、对待婚姻的基本的想法。

人的思维方式又促进学校文化的形成与发展。科学和理性的思维方式，决定有效的行为方式。每个人科学和理性的思维方式汇聚在一起，形成了一所学校的优秀文化。

可见，学校文化与思维方式是互动的。

二、层次

由于思维方式的差别，学校文化的形成有三个层次。

第一个层次是主观文化。主观文化是学校内涵发展的重要环节，是校长依据学校的实际，总结出学校的办学思想和奋斗目标。

第二个层次是表面文化。表面文化是学校文化的重要组成部分。表面文化要注重造势，在创设氛围中达到宣传和认同的作用。学校的各种活动不是走过场，而是在活动中让人的心灵受到触动。唯有如此，表面文化才能成为学校文化的助推器。

第三个层次是真文化。真文化是学校文化的最高境界。真文化的表现形式是有科学的价值观，并且价值观与人的行为一致，是身心合一的。要形成真文化，需要树立科学的价值观并在行动中始终坚守和修正行为，最终达成一致。

以上这三个层次在本书第五章第一节“学校文化建设与管理

规划”中已经进行了详细讲述，这里不再细述。

三、修炼

关于学校文化的话题已经讨论很多年了，各种理论层出不穷，各种典型经验如雨后春笋。但在现实中，我们为什么仍然举步维艰？我认为是修炼的问题。例如听了专家们讲的道理，我们茅塞顿开，我们会心一笑，我们抚掌大悟，我们唏嘘感叹。但冷静一下，我们问自己，这样的感动、震撼、顿悟，在我们的生活中已经经历多少次了？可为什么我们的激情总是那么短暂，在现实面前，那些感动、震撼、顿悟都被抛在一边，仍然坚持自己原来的做法。到底哪里出了问题？究其原因，是我们缺乏修炼的精神。学校文化的形成同做人一样，是需要艰苦修炼的。

第一是校长的修炼。校长的修炼从三个方面进行：一是敬畏，即对教育规律、课堂、课程的敬畏。二是有思想。一方面要做到与时俱进；另一方面要有教育思想的定力，不是书本上的思想，不是文件上的思想，而是符合学校实际的思想。校长只有具备了富有个性的思想，才会建成一所富有个性的学校。富有个性的学校才是有生命力的学校。三是心存感激，在感激中保持教育的激情。

第二是学校教师的修炼。教师的修炼需要管理者的帮助。首先，充分挖掘教师的潜力，把教师放在正确的位置上。这主要通过深入了解、大胆使用、提供机会三种方式进行。了解每一位教师的教学特点，充分信任教师，为教师提供各种机会，让教师展示自我，这样教师工作的积极性就会被激发出来。其次，树立管理助人的思想。学校的管理是助人为乐，成人之美。学校要为教师营造出和谐温馨的工作氛围，在教师中广泛开展谈心活动，征求教师对学校管理的意见和建议，及时疏导教师的不良情绪，同时了解并解决教师生活中存在的问题，让教师没有后顾之忧，全身心投入工作。先搭舞台再助人，让每个人心无旁骛，在自己的岗位潜心修炼自己。

第三是文化创新的修炼。学校文化的发展是继承与创新，是循环往复的过程。在这个过程中，创新尤为重要。在司空见惯的学校工作中，文化创新的修炼是一种思维方式的修炼，主要方法是能够把新的发现概括成道理，概括成理论，概括成想法。有了校长的修炼和教师的修炼，学校文化创新的修炼已非难事。

思维方式是学校文化的外衣，优秀的学校文化最终要通过科学的思维方式体现出来，而科学的思维方式又是优秀学校文化的催化剂。两者辩证统一，相辅相成。理论清晰了，我们需要去面对现实，而面对现实的勇气来源于我们坚持不懈地修炼。在不懈地修炼中，我们终将发现，创新学校文化，原来就在于我们每一个人的自我修炼。

第九章

学习　思考　前行

在专家系统、深刻的讲述中，我一次次地对教育、对学校、对自己进行反思，思绪似乎有些杂乱。正是这种杂乱的思绪，让自己对教育问题的困惑一次次加深，又一次次清晰。这就是辩证法中的螺旋式上升吧。

一、培训学习

2012 年 7 月 16 日至 7 月 22 日，东胜区教育局组织五十多名小学校长、副校长、主任、后备干部在北京师范大学京师大厦参加培训。在一周的时间里，培训部安排了各种类型的学习，有专家和教授的讲座，有现场互动参与，有参观加点评……主要内容通过梳理，可以分为以下几大类：第一类，通识培训，有陈锁明教授的讲座“今天，我们如何做教育”；第二类，学校管理理论培训，有傅树京教授的讲座“学校管理决策分析”和季平教授的讲座“学校管理诊断”；第三类，教学管理培训，有薛海平教授的讲座“教育研究与课题申请”和王文丽老师的讲座“关注课堂教学，提高课堂实效”；第四类，教师队伍建设，有伍新春教授的讲座“教师工作压力管理与职业倦怠预防”；第五类，校长现身说法，有润丰小学卓立校长的讲座“校长素质与学校品牌建设”，银河小学孟校长做的关于建设学习型学校的讲座和王建宗校长的讲座“学校品牌建设的价值、战略与策略”；第六类，实地考察，考察的学校有润丰小学、银河小学和清华大学。六类培训内容全面，有理论，有实践经验，有实地考察，带给我们思维全方位的冲击，引发了我们对教育的深入思考。

二、引发思考

专家从不同的角度和实践方向阐述了对教育的理解。这些阐述有的很熟悉，有的很陌生，但带给我思维的冲击是相同的。我梳理了一下，有以下几个方面。

（一）对教育现代化的再认识

教育现代化是个老名词，天天被我们挂在嘴上，或做口号，或做宣传语。在实践中，人们的视线更多关注学校的设施和设备。似乎设备先进了，教育就实现现代化了。我曾经对教育现代化进行过深入的思考，从教学设备到教学手段，从制度管理到人本管理，也做过探索。听了卓立校长和陆士桢教授的讲座，让我看到了教育现代化的另一面。

1. 教育现代化是观念的现代化

史家胡同小学的办学风格是“观念超前，追求领先，求真务实，办出精品”。观念超前是教育现代化的前提。在超前观念的引领下，史家胡同小学的现代化体现出两个特点：

一是现代化的教学设施影响着人的思维方式。卓立校长始终追求学校设施的超前，紧紧把住现代化的脉搏。红领巾电视台、计算机教室、立体运动场、166语音信箱、校园网络、多媒体校园、电子白板……每一种设施的建设，都走在北京市乃至全国的前列。在讲座中，已年近花甲的卓立校长饶有兴趣地介绍了学校新安装的触摸式电视的功能，并做了现场演示。那种投入与专注，让我的内心很震撼。现代化的设施设备不是为学校充门面的。“非典”时期的空中课堂，由史家胡同小学首家发起，学校也因此成为全国抗击“非典”的先进集体。设施设备的超前使用，深层次地影响着人的思维方式，在不知不觉中，让人与现代化融在一起。卓立校长的现代化观念不仅仅体现在此，更深层次的思考还在于他打造的绿色校园和科技校园。绿色校园和科技校园的打造，体现系统、专业、理性的科学思维方式。绿色校园有四个指标，即30%的绿地、使用环保材料、节能系统和水循环系统。我印象最深的是节能系统，例如学校的发电系统包括太阳能和风力发电系统，所发电用于学校供电和供暖。卓立校长讲，有人曾说“太阳能和风力发电系统能为学校节约多少电能呢”，言外之意是学校这样做没有必要。但卓立校长坚持做了，他认为，在学校这个小环境中，让孩子耳濡目染地了解节能环保，太直观了，这是重要的教育资源。打造科技校园给我印象最深的是科技馆，有现代的科技成果展示，还有供学生动手实践的实践基地。当今电脑的普及程度非常高，学校的电子阅览室用途已不明显了，卓立校长将它改造成电子影院，开设校本课程，保证学生观影的需求。从点滴到系统，从系统到点滴，深谙教育规律的卓立校长将现代化的办学理念在实践中发挥得淋漓尽致，游刃有余。师生在方寸校园之间与现代化亲密接触，在自然的状态下，思维方式悄然发生着变化。前几日，我在《人民教育》上，看到一篇文章《成就梦想的史家传媒团队》，该文章讲述了史家胡同小学开设传媒课的历程。由此，我们可以看到，现代化的意识已经影响了史家胡同小学的每一个人，悄然改变了每个人的思维方式，使得史家胡同小学在求新、求变中走在时代的最前沿。我不由得思考，这背后的东西是什么？答案就是对这份事业的倾心投入。这份投入的背后是什么？是内心的强大，足以抵制各种浮华的诱惑。这是教育现代化的精髓。

二是超前的教育理念铸就学校的发展品位。卓立校长早在20世纪80年代初就提出了和谐教育的办学理念。和谐教育的核心是基于人、关注人、发展人，回归教育的原点。和谐教育理念的亮点是处理好几组关系，即教师与学生、教师与家长、学校与社会的关系。学校针对几组关系制定了《和谐教育实施手册》。对于教师与学生的关系，史家胡同小学引领教师会微笑，拉近与学生的关系，这在20世纪80年代是非常超前的观念。有一位从外校调来的骨干教师，对孩子没有笑脸，态度生硬，结果学生集体与她对立。她虽然是骨干教师，但是教学效果很不理想。这就是史家胡同小学的教师文化，已经深深影响了每一个人。对于教师与家长的关系，在《和谐教育实施手册》中有具体的操作程序。如学生在学校发生了意外伤害，教师要做到“三最”，即最好的医疗、最好的态度、最好的照顾，用“三最”赢得家长的理解与支持。同时，学校还组织了家长义工队伍、家长俱乐部、家教沙龙，期待家长为学校的发展献计献策。对于学校与社会的关系，主要通过建立教师与学生、教师与家长的和谐关系，树立了学校的形象。比如史家胡同小学的放学时间，充分从家长的角度考虑，确保家长能按时接到孩子。这种细节的考虑与处理，让家长从内心感受到学校全心全意为家长服务。学校的形象树立起来了，阳光、空气中都充满和谐，人气就旺了，学校也就能够越办越好。学校的品位在哪里？品位就在社会、家长和学生的认可。

2. 教育的现代化体现在教育的适应性上

教育是规律性很强的一门专业。规律性决定了教育有章可循，但从另一个方面来说，如果教育把握不好度，容易变得刻板，影响教育的效果。度的把握就是教育的适应性。我听了专家们的讲座，深刻地感受到教育的现代化就体现在教育的适应性上。一谈到青少年的道德教育，总会有很多说法，不切实际是大家的共识。为什么会有这样的状况？这就是教育适应性的问题。教育的适应性体现在三个层面：

一是前瞻的眼光。前瞻的眼光需要有对教育全面、深刻的理解，站得高，才能望得远。全面、深刻的理解并不是高深莫测、云里雾里的，而是去伪存真。陆士桢教授针对未成年人的道德教育，提出了道德教育要结合未成年人所处时代的观点。她的研究立足于实际，鲜有高深莫测的理论。对现实的深刻理解，就是前瞻的眼光，身处现实而麻木不仁，在学校做一些冠冕堂皇的表面教育，只会显得滑稽可笑。

二是思想的定力。陆教授讲到，由于时代的变迁，社会意识的多样化不可避免，意识形态的冲突长期存在。国人的价值观面临严峻考验，出现了信仰危机。这样的现实使学校面临严峻考验，如果坚持“两耳不闻窗外事”，教育将走向无效的结局；如果随波逐流，教育的后果是可怕的。面对现实，需要教育人有思想的定力，这个定力就是要明确两个问题，即党的教育方针是什么，学校的任务是什么。教育的终极目的一定是为社会的发展服务的。教育法规定我国的教育方针是：“教育必须为社会主义现代化建设服务、为人民服务，必须与生产劳动和社会实践相结合，培养德智体美劳全面发展的社会主义事业的建设者和接班人。”学校的任务就是要将教育方针落到实处，在每个教育者和受教育者身上体现出来。这两个问题明确了，我们的思想定力就有了。面对纷繁复杂的现实，我们需要坚持的是马克思主义指导思想——为我们提供了正确的世界观和方法论，提供了认识世界和改造世界的思想武器；中国特色社会主义共同理想——实现中华民族伟大复兴的必由之路，是全国各族人民团结奋斗的强大动力；以爱国主义为核心的民族精神和以改革创新为核心的时代精神——是中华民族生生不息、薪火相传的精神支撑，是当代中国人民不断创造崭新业绩的力量源泉；社会主义荣辱观——市场经济条件下判断行为得失、确定价值取向、做出道德选择的基本准则。对于学生而言，我们所坚持的方向虽然可能有些难懂，但这却应是每一位教育人思想的核心，否则学校的价值体系将出现混乱，直接影响教育的效果。人们现在总是怀念我国在 20 世纪 50 年代的教育，那时的教育成功之处就是树立了人的信仰，而信仰是人成长的核心动力。学校最重要的任务就是培养有思想、有信仰的人。

三是灵活的方法。保持定力，不代表方法刻板。灵活的方法包括目标的确定、统筹的策略和个体的成长。目标的确定是指目标要切实可行。这个目标实际上就是人的价值体系，在学校中要倡导什么，反对什么；在班级里要倡导什么，反对什么，要旗帜鲜明。倡导的和反对的一定是教师和学生可以够得着的，如坚持“问好”，坚持遵守课间上下楼梯的规则，在坚持中形成稳定的价值体系。统筹的策略是指学校统筹安排好班集体建设、常规教育、心理辅导、课堂教学、校外教育等各方面的教育工作。统筹的核心策略是学校稳定的价值体系，一切工作围绕学校的核心价值体系开展。以课堂教学为例，引导每科教师从本学科的角度，传递价值观。数学教师向孩子传递什么精神？通过一个个数字、一个个公式，传递的是理性、严谨的数学精神。统筹的核心策略不是说教，而是在精心创设的各项教育活动中，引领学生深入其中，在探索实践中，自觉形成稳定的价值体系。个体的成长是指教师、家长和学生的成长。新时代的教育面临诸多考验，这个考验直接面对的是教师、家长和学生。在这三个因素中，教师和家长比较关键。而在教师和家长这两个因素中，教师又是最关键的因素。因此，教师的个体成长是决定因素。教师的成长需要学校的引领，这种引领重点在于让教师相信学校，热爱自己的职业。这样，教师才会在信仰的引领下，达到职业的巅峰。“适者生存”这一自然法则，同样适用于教育。有生命力的教育一定是适应性强的教育。

（二）对人的全面发展的认识

多元智能理论为全人教育提供了理论依据。本次培训，陈锁明教授在讲座中，提到人的“十商”，即德商、志商、情商、胆商、健商、心商、逆商、智商、财商、灵商。这应该是多元智能理论更细致地发展。但总体的指向，仍然是对人的全面发展的认识。听了陈锁明教授和伍新春教授的讲座，我有两点思考：

1. 人的全面发展要求学校教育正确对待功利之心

全人教育的实质是为人的发展提供多种平台。道理很简单，可为什么在学校教育中，总会有所偏颇呢？这跟学校的评价有关。一所学校办得好不好，学生的学业成绩是一项重要的指标，也是唯一可以量化的指标。在高考制度的大背景下，所有的目光都投向学生的学业成绩，人们只看重结果，至于通过什么渠道取得的结果，经常被忽略。在这样的评价体系中，学校的目光自然也投向学生的学业成绩。目光投向学生的学业成绩本无可厚非，但将学生训练成考试机器，违背人的成长规律。为追求升学率，教育走向错误的方向，这一定是功利思想在作祟。但反过来，是否可以超脱呢？在这样的评价体系中，没有几个校长可以超凡脱俗。毋庸置疑，人的成长是个漫长复杂的过程，教育起着影响的作用，这个影响的作用到底有多大，是无法用数字量化的。一个人经过各个学段的学校教育，最终走向社会，自己生存，每个学段到底留给他什么影响，也是一个很难评价的问题。但现实是，人们急于对各个学段做出评价，结果就是急功近利，没有真正地将受教育者当作全人来看待。一方面是全人教育，另一方面是升学率，两者的博弈是学校教育面临的矛盾。这就是我们面对的现实。面对现实，学校教育何去何从？专家的讲座为我们提供了思考的方向。全人教育与升学率并不对立，依据“十商”的分析，人是一个整体，各个“商”之间存在着千丝万缕的联系。

2. 全人教育要求更加科学、严谨的研究态度

听了教授们的讲座，我感触特别深的就是研究的态度。从申报课题来看，课题的申报是一个严谨、细致、缜密思考的过程，从确定研究问题的领域到确定课题名称、确定研究对象、确定研究背景、确定研究内容、准备相关文献、界定核心概念、提出研究假设、指定研究方法、明确人员任务分工、制定研究计划、

收集资料数据、分析资料数据到最后获得研究成果，一系列的环节，环环相扣，体现了严谨的探索精神，是一个真正做学问的过程。而学校中的课题研究已被异化，成为形式，偏离了课题研究的根本，与做学问的精神背道而驰。也正因为如此，“做研究型教师”始终是一句口号。那么正确的研究态度是什么？首先需要丰厚的文化积淀，其次是科学、规范、严谨、理性的思考过程。不断被异化的研究，会使人偏离研究的实质，永远走在学术之外，专业成长只是空中楼阁。

三、理性前行

思考若不付诸行动，就只是空想。带着思考，从以下几方面行动：

（一）校长专业化

校长的专业成长决定学校的发展空间。对比梳理思想脉络，尚需从以下两方面成长：

1. 前瞻的眼光

前瞻的眼光的培养需从四个方面着手：一是时刻更新观念，警惕思想被经验束缚，避免麻木。要做到这一点，一方面要保持好奇心，追随教育发展的脚步；另一方面要时刻更新自我，敢于否定自我，放下自我，客观地看待学校的发展。二是善于学习。学习不仅仅是读书，更重要的是思考，将感悟到的思想化为实践，在实践中修正行为，不断完善自我。三是重点将办学实践中的思考进行系统整理，逐步形成稳定、系统、可操作的思想体系。四是在工作实践中，力求追寻教育的真相，在牢牢把握教育规律的同时，理性借鉴教育改革的经验，立足于学校的实际，追求实际效果，将经验与做法本土化。

2. 学会做自己的心理医生

校长在工作中会面临各种困难，使得校长成为产生心理问题的高危人群。学会自我心理调试，已成为校长专业成长中重要的素质要求。在本次培训中，卓立校长手中的钥匙盘给我留下了深刻的印象，使我真正理解了卓立校长创办全国名校背后的内涵，很简单，就是四个字——以校为家。以校为家是卓立校长的人生态度，这种恬淡的人生态度源于自我的心理调试。

（二）因地制宜

教育要因地制宜，结合本地区的特点和地区优势来发展教育，这体现了教育的适应性。适应性说白了，就是你身处何处——你在世界，你在中国，你在内蒙古，你在鄂尔多斯，你在东胜区，你在某某学校。这是你的定位，这样的定位决定你的高度，更决定你的根本。有了高度，根本不会偏离；有了根本，高度不会是海市蜃楼。明确了我们的定位，就明确了我们做的教育要面向我们在学校工作的每一时、每一刻，更重要的是面向世界，面向未来，面向现代化。东胜教育引领着我们走因地制宜的道路，从形成体系的教育网络到开放办教育的胸怀与眼光，从一校一品促学校的内涵发展到各学段、各学校的均衡发展，东胜教育正在走出一条适合本地区发展的教育之路。东胜区中考在不补课的前提下屡获佳绩，是对本土化优质教育的最好佐证。在这样的氛围下，学校应该知道自己身处何处，找准位置，找准方向，立足实际，扎实前行。

（三）以人为本

让“以人为本”不要成为口号，学业成绩是衡量学校办学水平的一项比较重要的指标。如何不让提高学业成绩走异化的道路，是对学校是否在行动中做到以人为本的考验。以人为本就是要注重细节。由此，我想到一个例子。郎平训练恒大女排时，有一些年轻球员各种技术动作都不到位，比如拦网动作很不规范，调整传球以前根本没练过，郎平从来不会厌烦，而是耐心地一点一点地去指导和解决。郎平的做法体现出相比一时的成绩，她更看重球员的成长与发展。

（四）诚信办学

学校的办学目标是承诺，是对教师、家长、社会、政府的承诺。如何将学校发展目标变为每个人的发展目标，关键在于诚信。诚信办学有三个层面：一是目标产生过程理性客观，这是诚信的基础。二是坚守目标，说到就努力做到，把自己的思想实实在在变为每天的行动。在这个过程中，会有误解，甚至是伤害，要坚守，在坚守中会渐渐变为大家的行动。三是具有传承性，不论换几任校长，学校文化是永恒不变的。

教育是复杂的，注定教育人经历的痛苦会很多，但经过痛苦的反思之后，一个清晰的、蓬勃的教育人又立于世间。教育需要痛苦的反思，更需要满怀激情地前行。

第十章

在前行中反思育人

育人是教师永恒的话题。面对这个话题，我们首先会有很多困惑。

一、困惑

（一）令我们困惑的社会事件

近些年，社会上出现不少令人百思不得其解的事件。如某大学学生因为一言不合，就给同宿舍的同学投毒；某景区常见随手丢弃的垃圾，而垃圾桶明明就在旁边；某辆公交车上，两个人因为座位大打出手……

看到这些事件，我的困惑有二：一是无奈和迷茫。社会道德底线一再被突破，让固有价值观受到冲击，我最直接的感受就是无奈和迷茫。二是挫败感。每有这样的新闻出现，总有人把矛头指向教育，而且分析得头头是道，让教育的“罪过”无处可逃。即使没有人把矛头指向教育，从事教育的人士也会产生挫败感。这种挫败感源于对教育的美好理想与现实的一地鸡毛之间的巨大落差。教育人历经千辛万苦，竭尽全力，蓦然发现，所做的一切，在现实中竟然如此不堪一击。

（二）令我们困惑的工作现实

现实工作中，总会遇到很多令我们困惑的场景和现实。比如以下几点：

第一，“猫和鼠”的尴尬关系。主要表现在老师在时，学生一个样，都是乖乖的，一副顺从的样子，甚至有点儿战战兢兢；老师不在时，学生又一个样，屡屡做出让人大跌眼镜的事来，甚至与老师在时判若两人。在学校，学生还基本能遵守学生规范；不在学校，其行为立刻失去约束。

学生不稳定的表现，反映了学校“猫和鼠”的尴尬关系。学校中的“猫和鼠”关系，包括管理者与教师、教师与学生、管理者与学生的关系。面对这样的尴尬，我们困惑了，猫和鼠是天敌，那种仇恨是天然的。教育是爱的事业，是付出感情的事业，管理者与教师、教师与学生、管理者与学生，所有的关系都立足于学生的成长，为什么管理者、教师认为善意的帮助、促进学生成长的做法却会被学生理解成恶意？我们不禁要追问自己：教育如何去教学生是非观？

第二，抬不起脚跟的走路方式。每天在门口值周，我看到学生走路的样子，脚跟不离地，拖拖拉拉，没有一点儿精气神。“精神点儿！”我一嗓子喊过去，学生脚跟抬起了，可没走几步，又恢复原样。课间，学生做操时胳膊软绵绵的，弯腰弯不下去，一副懒洋洋的模样。走路、做操体现人的精神状态。矫健的步伐、有力到位的动作，体现健康、积极、向上的精神风貌，给人传递一种朝气蓬勃的力量。抬不起脚的走路方式，传递的是懒散、被动的精神状态。这样的走路方式体现了学生对现实缺少兴趣与坚守，一味地按个人喜好行事的生命状态。我们困惑的是：

这样的状态是怎样形成的?

第三，展示活动中无我的状态。各类活动中总有学生的身影，美其名曰为学生展示才华搭建舞台。在这样的活动中，大多数时候，我们感受不到孩子展示才华的激情，更多感受到的是他们被“绑架”的感觉。参加运动会开幕式，我们都想感受学生们青春洋溢、意气风发的活力，可是学生们软绵绵的动作、麻木的表情，似乎就是为了应付这场表演，我们的失望之情油然而生。我们困惑的是为什么精心设计的各种教育活动，投入了大量的人力、物力，并把活动组织得轰轰烈烈，学生们却不买账?

第四，家庭教育的负增长。所有人对教育的指手画脚，导致家长对孩子成长的标准飘忽不定。家长们大致可分为三种类型：一是随波逐流者。这类家长听风就是雨，听到学生要减负，北京的学校都不留家庭作业，于是要求学校也不留家庭作业；听到学生的基础很重要，看到孩子回到家里无所事事，又要求学校再多留作业。二是放任自流者。这类家长对孩子学习的目的没有清晰的认识，认为孩子该上学时就去上学，上学的目的是什么，自己也不清楚，造成对孩子管理的松散。与这样的家长交流时，他们总是一副漠然的态度。三是自视甚高者。他们自认为自己有一套教子理念，与学校、教师的教育理念及方式相悖，产生内耗，使学校的教育力量失去作用，影响学生的成长。家庭教育是教育学生的一支重要力量，我们困惑的是：如何阻止家庭教育的负增长?

第五，人本管理与铁面无私的分寸感。教育对象是人，教育的发展史就是对人认识的发展史，现代教育倡导以人为本的教育理念，但是由于对“以人为本”的理解偏差，导致各种教育名词层出不穷，诸如“爱的教育”“快乐教育”“愉快教育”等。

“以人为本”是基于人的发展，一切从人的发展出发。人的发展是一个漫长的过程，在这个过程中，需要阳光雨露，也需要风霜雨雪；需要激励，更需要约束。在学校教育中，如何实事求是，把握好人本管理与铁面无私的分寸，是我们面临的困惑。

二、原因

我们为什么会有这样的困惑？有两个关键词：德育、升学率。

（一）德育

“德育为先”，是在各种教育方针中出现频率最高的关键词。党的十八大报告中，也明确提出了“立德树人”的根本任务。育人育德是教育人的共识，但是德育的各种问题也如影相随。在实际育人过程中，德育出现了什么问题呢？

第一，“度”的把握。我们现行的德育总在激扬和控制之间摇摆。激扬是“关爱、引导、熏陶”的教育境界，通过教育工作者诲人不倦的帮助，激发每个学生对生命的珍惜，对生命价值的渴望和追求。控制是规范学生的日常行为，基于养成良好的行为习惯和校本性的种种秩序。如何把握好激扬与控制，是对学校德育的考验。

第二，心的把握。德育育心。一切教育，如果不被心灵接受，效果均为零。教育只有通过心灵的内化，最终才能实现为行为的自律。认知虽然能到位，但是在实施过程中，常常与德育的本质背道而驰。这具体体现在三个方面：首先，表现在教师身上。教师在德育实践过程中，应该是什么样的角色？这个问题的答案不陌生，用词虽不同，但核心是一致的，即有爱心、有耐心、怀着崇高的情怀，促进孩子发展。但现状是教师总是忘记初心，总想用工业生产中的“硬塑”“压制”等方式催生一个个“标准件”。这样的教师必然会失去学生的心，所实施的一切教育手段均是无效的。其次，表现在各种活动上。学校活动设计多从学校自身出发，或为了存档，或为了充面子，或为了完成上级的任务，因为动机的原因，最终导致活动流于形式。即便是真心想为孩子设计活动，也因为没有真正了解孩子的内心世界，或者了解到了，但从现实的角度，无法与学生的想法接轨，最终没有同孩子做好沟通，导致活动没有深入孩子的内心，结果只能是流于形式。这样的过程，呈现的是教育的浮躁与不切实际。最后，表现在学校的文化布置上。如果学校的文化布置没有起到感染、熏陶、引导的作用，远离了孩子的生活，远离了孩子的心灵，这样的文化布置会沦落为“装饰文化”。这也是教育浮躁的另一种表现形式。

（二）升学率

学校德育出现的种种问题，除了以上我们分析的各种原因，还有一个更关键的原因，那就是升学率。升学率对学校德育的影响有三：一是追求升学率，使学校、教师只看学生的成绩，为了提高成绩，实施题海战术，加班补课，课外辅导，导致学生负担不断增加。二是追求升学率，忽视了学生的个性发展和全面发展，表现在只看到成绩面前学生的差异，忽视了隐于成绩背后的东西，导致很多有益于学生内心成长的活动流于形式。三是追求升学率，使教育者失去耐心，忽视了“十年树木，百年树人”的育人规律。单一的评价标准，使分数成为评价学生的唯一尺度，直接导致了学校除了提升成绩，没有从根本上为学生打下做人的基础。

德育和升学率这两个词中，起关键作用的又是升学率。那么，升学率与德育是水火不相容的吗？

三、真相

（一）为什么升学率生命力这么强

原因有三：一是评价一个人很复杂，因为很难量化。同样，评价一所学校的业绩也很难，因为不论什么类型的学校教育，它只是学生成长的一个阶段，而一个人的成长是需要一生的。但现实是各种类型的学校都面临着被评价，升学率就成为评价学校的最好抓手，因为它是可以量化的。于是，一所高中办得好不好要看一本上线率，一所初中办得好不好要看升入重点高中的升学率，而小学要通过各年级检测成绩来判断好坏。二是升学率的存在是因为中国的人才选拔制度——高考制度。高考是比较公平的选择人才的办法，因此，人们普遍认可高考的成绩。但是人们对高考也有一些负面的争议。针对正反两方面的问题，国家教育部也在不断地调整和完善高考的内容、考试的方法和录取的办法，使之适应当今人才需要和社会发展的趋势，新的课程标准和目标评价体系也在积极推出，同时大学也在生源不断下降的现实面前实行优胜劣汰。三是高考制度是社会问题，社会问题的根源是价值取向的问题，今天的教育问题、社会问题的根源是没有形成一种多元的价值取向。社会缺乏平衡，大家都往一条路上面去挤。这个问题表现在教育上，就演变成这样一个奇怪的逻辑：你要出人头地，就要考得好；要想考分高，就要读好的学校，选小学、选初中、选高中……

（二）隐于升学率背后的东西是什么

升学率反映了学生的学业成绩，决定学生学业成绩的关键因素是学生的综合素质。

我们用一棵树的成长来分析升学率背后的东西。一棵树，树冠是树成长的标志，树长得好不好，从树冠的茂盛程度可以看出来。但是影响树冠成长的因素有很多。俗话说："树大根深。"其实树长得高大，不仅是根扎得很深，还要根系发达，分布广泛，如同一张巨大的网，吸收多种养分。树根扎得深，能耐干旱；根系分布广，能广泛汲取养分，能使树根抓地更牢固，风吹雨打不动摇。

看树的成长，不仅要看根，还要看树干、树枝、土壤、气候、温度、通风授粉、有无病虫害等因素。树的大小仅仅是现象而已。从树的成长看升学率背后的真相，升学率反映了学生的学业成绩，学业成绩仅仅是现象，透过现象看本质，学业成绩的背后呈现的是学生的综合素质。从树的启示当中，反思学生综合素质的形成过程，我们发现德育与升学率是统一的。国外的教育学者认为，一个人只要具有中等以上智力，倘若具有学习热情和学习方法，他就必然可以有资优行为。这说明了德育与升学率的统一性。德育从激发学生的学习热情，优化学生的学习方法入手，促进学生学业成绩的提高，由此可见德育与升学率是相辅相成的。基于这样的观点，我们进一步思考人的综合素质的形成过程。

四、人的综合素质的形成

人的综合素质的形成过程可以用三个字来概括，即大、慢、心。

（一）“大”的内涵

“大”字讲的是教育是一个系统工程，需要全社会共同参与。社会中的每一个人都承担着育人的任务。为什么这样讲呢？孩子的学业成绩是内因和外因共同决定的。内因是身体素质、悟性、胸怀志向等。外因是他所处的环境。从大的方面讲，影响一个人成长的环境因素主要包括四类：自然环境、社会环境、家庭环境、学校环境。内因是根本，外因是条件，外因通过内因起作用。

对一个人的成长来讲，外部环境的作用至关重要。自然环境对人的成长的作用，有一个词可以说明——“人杰地灵”。我国很多优秀人才都出自山清水秀的江南。就拿教育界来讲，教育名家也多来自江南。今年，学校的教师去杭州听名家讲课，被已80岁高龄的教育名家的精神折服。我们鄂尔多斯近年来特别重视自然环境的改造，康巴什新区又在打造5A级旅游城市，为我们育人带来了福音。优美的自然环境在不知不觉中陶冶着人的性情，自然环境也需要我们每一个人去保护。

社会环境对人的影响最为重要，社会风气影响人的成长。社会风气是怎么形成的？社会中的每一个人，他的价值观、行为方式影响着社会风气的形成。

家庭环境是人成长过程中最重要的环境。“三岁看老”“父母是孩子的第一任老师”这些话体现了一个人品德形成的关键时期是在童年，良好的家庭教育是一个人健康成长的基础。家庭环境包括以下几个因素：父母的自身修养、家族成员的自身修养、父母之间的沟通、父母与家族成员之间的沟通、父母与孩子之间的沟通。这些因素决定家庭的氛围，家庭氛围决定孩子的成长。

学校环境是人成长的主要环境，主要体现两个特点：专业和功夫。专业体现在教育者的良知、态度、学识、智慧上，功夫体现在学校对教育规律的坚守上。

（二）“慢”的内涵

“慢”有两层含义：一是育人是有阶段性的。好的行为习惯的养成使人终身受益，伴随一生。行为形成习惯时，人的发展潜能和命运也就随之决定了，所以哲人说，习惯能成就人生，也能使人毁灭。行为习惯的养成伴随着人成长的各个阶段，但各有难易。初入学的小学生如同一张白纸，可以描绘心中的图画；初中生如同一块土坯，虽然有了形状，还可以打碎，还原重塑；高中生如同一块烧制成型的砖，打碎了是半块砖头，有韧性，有棱角，重塑难度较大。

二是育人是一项专业性很强的事业。专业性强决定了教育是有规律可循的。“十年树木，百年树人”，教育规律决定了教育是慢的艺术，欲速则不达。一成不变的教育规律，瞬息万变的外部世界，社会的高期望值，常常使教育人丧失自我，被卷入滚滚红尘：从学校层面讲，学校要办最大的，极力扩张规模；设备要最现代化的，传统的一概淘汰；教育思想一定要最前沿的，不切实际地照搬国外；教学实验一定要讲效率，最好马上出成果；办学理念一定要响亮，语不惊人死不休……育人要耐得住寂寞，坚守住对政府、社会、家长、学生的承诺，在教育实践中，用自己的一言一行践行承诺，做一个守信的教育人。在践行承诺的过程中，你会发现“慢慢走”是一种态度，也是一种能力，更是一种境界。放松心情，放慢脚步，放长眼光，才能以诗意的态度，发现教育生命之美，回归教育本原，享受“蓦然回首，那人却在、灯火阑珊处”的境界。

（三）“心”的内涵

“心”是指育人育心，用心育人。育人育心，是用心换心。育人者要了解孩子的心态，了解孩子的内心世界，了解他们的酸甜苦辣、喜怒哀乐和个性特长。父母夜里的争吵会导致孩子第二天情绪低迷，与同伴关系紧张，直接影响孩子课堂的听课效果。了解他们的需求，引导他们的需求，他们才会与你交心。用心育人，是全身心投入。明代女作家郑淑云，这样写信给儿子：“人的一生时常会遭遇三种困顿，千古有之，孩子，你要做好心理准备。第一种困顿，拥有卓越的才华，却遇不到好的平台和机遇；第二种困顿，以一颗诚挚宽厚的心待人，却没有交上值得交的好朋友；第三种困顿，对自己严格要求，时常反省，却无法按照自己的意愿生活。”最后，这位妈妈抚慰儿子：“即使人生的际遇如此，也未尝没有好处。孩子，你要多读书以自励，不要放纵自己呀。”什么叫用心换心？几百年前的郑妈妈已经掌握它的精髓，与之相比，我们应深感汗颜，我们以为让孩子去乡下体验几日就是用心良苦，这只能算作一次运作，与育人相差甚远。有人讲，对孩子的溺爱，是父母挖陷阱让孩子跳。深层次的爱，能够给孩子一个有力的人生。这是用心育人的境界。

一个人的综合素质是这样形成的，作为一名教育工作者，如何在本职岗位中，发挥自己的作用，促进学生综合素质的形成呢?

五、践行

（一）学校层面

学校力求做到“一透视”“四育人”，其中“一透视”指学校学生的学业成绩就是一张试卷，看到的只有对与错，看不到是属于漏题还是不会做，看不出解题速度的快慢，看不出谁粗心大意。判卷的人只认卷不认人，大学录取时认分不认人。但是，学校必须目中有人，准确把握学生心理，从学生排队入校开始，到每一节课、每天的大课间、每周一的升旗仪式，全面看学生的成绩，将平时的表现与成绩的起伏紧密联系起来，像医生给病人做CT、做核磁共振一样立体地、全方位地扫描，看出问题所在，对症下药。教师就要有这种透视的能力，透过试卷看学生，不致误人子弟。这种透视能力，就是在为学生提供多样性的选择和个性化的教育。作为学校，要树立一切工作都与教育有关、都与学业成绩有关的认识，把育人渗透到学校工作的方方面面。“四育人”包含四点：一是路队育人。从进校开始，规范学生的入校习惯，有秩序。二是间操育人。跑操、做操，学生都会，但每天能够认真做好每一个动作，做到位，就不容易了。如果你细心观察，在做操时懒洋洋、吊儿郎当、嘻嘻哈哈的学生，大多数都是学习差的学生。在数千个学生的队列中，你可以比较出每个人的心态、习惯、体能、协调性、自觉性。每天都把同样简单的事做好，可以看出做事的态度，有了这样做事的态度，学业成绩一定不会很差。三是升旗育人。精心设计每周一的升旗仪式，让学生热血沸腾，情绪激昂，积极向上。四是文化氛围育人。精心设计学校的每个角落，每个角落设计的内容一定是美的，一定是蕴含意义的，一定是学生能看得懂的。

（二）教师层面

教师要做到四点：定准位、说好话、把好度、懂人心。

1. 定准位

定准位指班主任要找准自己的角色定位。对此要做到两点：一是把活动做实。请看一个案例：在一次班主任技能大赛上，要求班主任设计一个“告别城市牛皮癣”的主题活动。教师们设计的方案大致步骤如下：（1）认识城市牛皮癣；（2）了解城市牛皮癣的危害；（3）走上街头清除牛皮癣。大家看这个方案有什么问题？大家感觉方案空。为什么感觉方案空？因为这个方案没有联系学生的实际。班主任老师经常有怨言，认为学校的活动太多了，尤其是德育方面的，大家感觉这些活动都是虚的。因此，当活动来的时候，按照大框架设计活动，结果师生俱疲，效果全无，真正将活动变成虚的了。如果班主任想准确定位，就要这样去思考活动的设计：“告别城市牛皮癣”是学校的大主题，如何将大主题与学生实际结合起来？（1）认识城市牛皮癣。（2）了解城市牛皮癣的危害。（3）我们学校有牛皮癣吗？（4）我们班有牛皮癣吗？（5）你所生活的社区有牛皮癣吗？班主任角色意识体现在班主任对活动的理解中，把活动做实，将活动主题与培养学生的行为习惯结合起来，将活动作为一种教育的资源，充分发挥育人作用。二是防微杜渐。班主任不做灭火员。由于班里学生出了任何状况都要找班主任，让班主任感觉自己整天像灭火队员，所以很多班主任对此工作感到倦怠。有时，找班主任聊起学生的状况，班主任对学生的好多信息都不清楚，有的甚至连学生的父母是做什么的都不知道。这样的状况，难免有些学生会出问题。防微杜渐是班主任角色意识的体现。班主任首先要对学生抱有高期望值，对学生有高标准的要求；其次，要了解学生的经济、社会、文化背景，了解学生的家庭背景，以及学生的性格特点，从而做到有的放矢。有的放矢，才能防微杜渐。

2. 说好话

教师工作很重要的一个标准就是好话好说。好话好说指的是教师的沟通能力。教育的核心是让人接受，虽然学生未成年，但是他们也有自己的思想，不论思想成熟与否，教师对他们的教育效果，一定是在他们能够接受的基础上。如何让学生接受，这就是对班主任沟通能力的考量。好话好说是一条途径。同样一件事，为了同一个目的，甚至说出来的句子也一样长，但是不同的人说，可以给人完全不一样的感觉。天很冷，教师想让学生把窗户关上，有两种表达方式，一种是："还不快把窗户关上，不怕冻感冒吗？"另一种是："快把窗户关上吧，小心冻感冒了。"两种表达方式反映了两种看事情的角度和心态，产生了两种完全不同的教育效果。好话好说的背后隐含着教师工作的真谛：一是用好话传递友善。友善不是与学生称兄道弟，而是传递善良和善解人意，让学生感受到教师很愿意跟他们在一起，很关心他们。让学生感觉到教师关心他、关心班集体，他们也会关心教师。二是用好话传递尊重。教师将尊重传递给学生，学生不一定会尊重教师。要让学生真正尊重教师，教师必须拿得起，放得下。真正的领导力和不变的尊重是在点点滴滴中建立起来的。

3. 把好度

这个度是人本管理与铁面无私的分寸。有爱心是每位教师应有的职业素养，但爱一定要有底线。把握度，还要强调思想的定力，思想的摇摆决定行动的摇摆。我们面临的环境是对教育指手画脚的人太多，在这样的环境中，需要我们对教育的本质有深层次的认知，紧紧把握住实际，保持自己的思想。

4. 懂人心

教师工作的对象是学生。读懂学生应该是教师的必修课。“唉，现在的孩子呀……”这是我们最常发出的抱怨，其实在这抱怨的后面，我们想要表达的是自己心目中固有的教育模式与现实的巨大差距。面对差距，只有改变自己，而改变自己，从读懂学生开始。只有读懂学生，才能与他们有共同的语言；有了共同的语言，才能有教育的时机。也只有这样，才能解放我们自己。

从产生困惑到寻找原因，再到发现真相，形成路径，这一系列的研究，最终只为了一个目的——践行。践行是教育者长期修炼的过程，为了育人这份事业，让我们每位怀有良知的教育者行进在自我修炼的漫漫长路上。

附录

读好书　写好字　做好人

（2011—2012学年第二学期东胜四小开学典礼上的讲话）

尊敬的各位家长、老师、同学们：

大家好！

今天，我们在这里隆重集会，共同迎接新学期的到来，共同为新的学期祝福，共同为新的学期每个人的成长加油、鼓劲。

我们要把四小办成什么样的学校？我们在四小，要学习做什么样的人？大家还记得吗？在上学期的开学典礼上，我们郑重提出，要把四小办成一所“书香墨韵，和谐并进”的传统文化特色学校。在四小，我们要“读好书，写好字，做好人”。不论何时，都想静静地捧起一本书，写一手好字，成为一个健康、勤奋、谦虚的人。

一个学期过去了，新的学期要开始了。我们做得怎么样呢？我们非常高兴地看到同学们在四小的点滴进步。我们身边的“书虫”越来越多了。2011 年 9 月 17 日，我们全校师生向来自全国各地的老师们分享了我们读书的成果，其中，三年级的同学们、五年级一班和六班的同学们、六年级一班的同学们，在学校会议室向来宾分享了他们读童谣、读成语、读《三国演义》、读《夏洛的网》的成果，受到了来宾的赞扬。五年级一班的徐瑞轩同学，爱读书，爱思考，在去年期末考试中，作文成绩获得满分。2011 年 12 月 9 日，我们学校五年级的刘庆桓、白丽媛、严正旭参加东胜区“航空杯”“知法懂法　伴我成长”小学生法律知识竞赛，取得预赛第一名、决赛二等奖的好成绩。这个成绩的取得靠的是他们平时养成的爱读书的好习惯。

从上学期开始，我们每天要上十五分钟的写字课，三到六年级的同学每周要上一节书法课。为了营造研习书法的氛围，书法教师高亚飞将茶艺、棋术引入书法工作室，并创作了庆祝中国共产党成立九十周年“红色经典”书法长卷。同学们的字写得越来越漂亮了。三年级一班的闫琦蓉同学，四年级三班的张凯璐、徐嘉怡同学勤奋练字，在迎接新教育年会期间，每天练字都练到很晚。2011 年 12 月在“黄金搭档杯”第三届内蒙古中小学师生硬笔书法大赛中，我校有三十七位学生获奖。

同学们的许多行为让我们感动。三年级三班的杨璞涵同学捡到一个行李箱，在小公园等失主，等了一个多小时，不见人来，将行李箱拖回来，交给学校。六年级一班的吴同凯、张志伟、王天琪三位同学捡到重要证件，交到学校，让焦急万分的失主非常感动。四年级一班的司曼彤同学课上认真思考问题，下课还追出来与老师交流。四年级二班的赵振达同学见到每位老师都恭恭敬敬地问好，这样的习惯，他一直在坚持。我们学校有两位负责打扫卫生的叔叔阿姨，同学们非常珍惜他们的劳动成果，不乱扔废纸，文明使用卫生间。学校舞蹈队的同学勤奋练功，付出了很大的辛苦，他们表演的舞蹈《蒙古族响板舞》在东胜区舞蹈大赛中荣获一等奖。学校田径队和跳绳队的同学们每天比大家早到校近一小时，勤奋训练，坚持不懈，都取得了很好的成绩。女子田径队取得东胜区越野比赛第一名的好成绩，跳绳队取得第五名的好成绩。我们的同学们还获得了全区小学生足球比赛第五名和全区小学英语课本剧比赛一等奖。

我们一起读好书、写好字、做好人，经过不懈的努力，我们每个人都在成长。而我们每个人的成长汇聚在一起就实现了四小的成长。2011 年，在创建全国文明城市的过程中，我校全体师生表现突出，展示了良好的精神风貌，被评为“鄂尔多斯市创城先进集体”。2011 年 12 月，我校三年级的全体同学在东胜区的抽考中，取得了英语全区第一名、数学全区第四名的好成绩。

让我们用热烈的掌声祝贺我们取得的好成绩！

好成绩的取得，离不开各位老师的辛勤付出，所以我们要感谢四小全体老师对孩子们的辛勤培养！我们看到他们早早来到学校在教室里忙碌的身影；看到他们站在讲台上辛勤付出的身影；看到他们跟着孩子在操场上跑步的身影；看到他们办公室里亮到很晚的灯光和饿着肚子等着他们的孩子；看到他们拖着疲惫的步伐回家，包里装着沉甸甸的作业……感谢全体家长对我们的全力支持！我们看到他们风雨无阻地准时接送孩子；看到他们精心帮助学校布置教室；看到他们认真参加家长会，积极配合老师的工作……

让我们再一次用热烈的掌声对四小全体老师和家长们的辛勤付出表示衷心的感谢！

新的学期开始了，我们继续向我们的目标——“读好书，写好字，做好人”进发。

我们身边有这么多好同学，我们要向他们学习，做更好的自己。

读好书，做到“三读”。一是把我们的课本读好，认真上好每一堂课。在听课过程中，我发现有部分同学上课懒洋洋的，没有精神；有的同学自己不学习，还影响其他同学。本学期，要努力改掉这些毛病，认真上好每堂课。二是读学校推荐的好书，学校为每个年级都推荐了好书，《小王子》《绿野仙踪》《草房子》等。三是读廊道里布置的关于传统节日的介绍，古今中外优秀诗人、作家、书画家、科学家的内容介绍。

写好字，认真上好写字课和书法课，提起笔来就练字。

做好人，做到“两个好”。第一个是把“问好”坚持到底，发自内心地向老师问好，向同学问好，向客人问好，不只在学校，在家里也要养成“问好”的习惯。第二个是把操做好。过了年，我发现学校又增加了很多小胖子，同学们要把上操时间利用好，认真跑操，认真做操，把动作做到位，把自己的身体锻炼好。

特别提出一点，接下来的4个月是六年级的同学在母校学习生活的最后的时光，希望你们珍惜在母校学习的每一天，认真学习，争取在毕业考试中取得好成绩，为弟弟妹妹们做出榜样。六年级的同学们，有没有信心？

同学们，老师和家长所做的一切都是为了你们将来成为一个有用的人。新的学期，我们认真过好每一天，每天进步一点点。让我们共同期待在下学期的开学典礼上，颁奖的名单里有你！

谢谢大家！

书香墨韵　和谐并进

（2012—2013学年第一学期东胜四小开学典礼上的讲话）

尊敬的各位家长、老师、同学们：

大家好！

今天，我们在这里迎接新学期的开始。

过去的一个学年，在区委、区政府及各级教育主管部门的正确引领下，在全体教师、学生、家长的辛勤努力下，我们学校取得了“鄂尔多斯市创城先进集体”“全国特色教育先进学校”等荣誉称号。更值得我们高兴的是，在2012年区教育局的督导评估验收中，我们学校获得一等奖的好成绩。

督导评估一等奖代表着什么？

督导评估一等奖代表着我们四小过去的艰辛努力。四小曾经是一所社会、家长、学生都不认可的学校，在几任领导班子及全体教职工的共同努力下，现在成长为一所品牌学校，成为家长、学生向往的学校。督导评估一等奖的获得，得益于几任领导班子及全体四小教职工的辛勤工作。无论现在还是过去，无论是点着火炉上课的岁月，还是在条件设施一流的教室里辅导学生的时光，一代代的四小教师，用他们的真诚与爱心，默默地在自己的岗位上，奉献着青春年华，奉献着一腔热血。他们没有豪言壮语，有的只是朴实的微笑，有的只是淡定的神情。四小一代代的老师们就是这样日复一日、年复一年地用看似平常的行动，诠释着奉献精神的真正含义。正是因为几任领导和一代代教师的辛勤付出，为四小发展奠定了坚实的基础，我们今天才会获得督导评估一等奖的好成绩。请允许我向他们表示深深的敬意！

督导评估一等奖代表着家长们对学校工作的大力支持。我们看到你们精心帮助学校布置教室；看到你们认真参加家长会；更看到你们对学校工作的理解。有了你们的支持与理解，学校和老师们才有努力的劲头。请允许我向你们表示深深的敬意！

督导评估一等奖最重要的是代表着四小孩子们的进步。在过去的一个学年中，看看我们自己获得了多少好成绩：全区中小学舞蹈比赛小学组一等奖，全区冬季长跑小学女子组第一名，全区小学体育综合赛制第四名，全区跳绳比赛第五名，全区小学生足球比赛第五名，全区综合运动会小学组第七名，全区第二届舞蹈大赛一等奖，第二届“乘着歌声的翅膀”童声合唱比赛二等奖，实验课抽考全区第五名，计算机抽考全区第二名，全区小学英语课本剧比赛一等奖，全区英语故事比赛一等奖，东胜区“航空杯”“知法懂法　伴我成长”小学生法律知识竞赛二等奖。共青团中央、教育部、全国少工委授予我校五（3）中队“全国优秀少先队集体”称号。2012 年 6 月，我们六年级毕业生再获佳绩，语文、数学成绩均名列前茅，取得了长足的进步，一举摘掉了毕业成绩落后的帽子。我们更高兴地看到，在上学期的开学典礼中被表扬的五年级二班的赵振达同学仍一直坚持问好。今年的开学典礼，我本来还想表扬几位同学，可是看到向老师、客人问好的同学太多了，所以我在这里就不一一表扬了。我们相信，同学问好并不是为了表扬，而是为了讲礼貌，给别人留下好印象。

同学们，让我们用热烈的掌声祝贺我们自己取得的好成绩！

督导评估一等奖已成为过去，它的作用就是激励我们不断进步。新的学期，让我们牢记我们的努力目标——“读好书，写好字，做好人”，让我们每个人的进步，成就学校的办学特色——“书香墨韵，和谐并进”！

请铭记

（2013届东胜四小毕业典礼上的讲话）

亲爱的同学们：

你们好！

六年前，老师们与你们相逢在四小。今天，在你们即将离开我们的时候，在你们即将踏上新的学习征程的时候，我们想对你们说：请铭记。

2008 年 9 月 1 日，你们背着小书包，牵着父母的手走进校园，走进一年级教室。那天早晨，迎接你们的彩带飘扬。那时那刻，请铭记。

2009 年的建队日，校园里锣鼓喧天，高年级的哥哥姐姐们把鲜艳的红领巾佩戴在你的胸前，你是那么骄傲，睡觉都不舍得把它摘掉。那时那刻，请铭记。

当你们的字写工整了，你们的老师，从心里高兴！当你们懂事了，第一次勇敢地承认错误，你们的老师，从心里高兴！你们的成绩进步了，个子长高了，你们的老师，从心里高兴！你们也有让老师皱眉头的时候、生气发火的时候，甚至连饭都吃不下去的时候，你们现在明白了责备背后的期待与关爱了吗？

当你们健康进步时，是爸爸妈妈最欢乐的时候；当你们犯了错误时，是爸爸妈妈最心痛的时候。

请铭记吧，早来晚走的老师们疲惫的身影，日夜操劳已不再年轻的父母的脸庞！请铭记吧，他们期待的眼神！

为这无法忘怀的点点滴滴，现在，我提议：同学们，让我们以长时间的最热烈的掌声感谢父母的养育之恩！感谢老师的培育之恩！为自己加油、助威！

同学们，母校将铭记：课堂上，你们静静地读书，认真地思考；操场上，你们矫健的步伐和飒爽的英姿；楼道里，你们可爱的笑脸和大方地问好；少代会上，你们热情地参与和精彩的建议；雏鹰广播站里，你们精心地编辑和动听的声音；值周时，你们认真的服务态度和努力打扫卫生的身影；艺术活动中，你们优美的舞姿和落落大方的歌声。

你们为汶川地震灾区、玉树地震灾区献爱心，为老师的爱人、同学的父亲募捐……在“书香墨韵，和谐并进”理念的指引下，你们“读好书，写好字，做好人”，受到各级表彰，在各级各类比赛中获奖，你们留给母校的是让我们不能忘记的健康、勤奋、谦和。

老师为你们而骄傲，母校因你们而自豪！

四小与你们有缘，成为你们生命中永恒的记忆。这记忆中的精彩瞬间，会让你在未来的学习生活中懂得坚持，保持自信、清醒。这记忆中的泪水，是母校给予你爱与宽容的印记。同学们，请铭记，这些精彩瞬间与泪水，会陪伴你的未来，让你永远自豪地宣告：“我，是四小人！”

同学们，请铭记：毕业不是结束。今天，我们不是在庆祝“结束”，而是在隆重地迎接未来。无论你们走到哪里，都要牢记：东胜四小是我的母校，我要为母校争光！无论你们走到哪里，都有来自东胜四小的牵挂！

再见了，同学们！无忧无虑的童年即将过去，你将告别曾经想插队又不敢插的路队；你将告别每天佩戴的红领巾；你将告别虽不时尚却简洁舒适的校服；你将告别曾经无比尊敬又无比敬畏的老师；你将告别不让你在这里奔跑打闹的廊道；你将告别因为你没有靠右行而揪住你不放的值周生；你将告别曾经闹过别扭发誓不想再见面的同学；你将告别学校天井里哗哗的流水声和自由自在游泳的小鱼。请铭记吧，母校留给你的点滴回忆！

同学们，带着母校的回忆，带着母校“读好书，写好字，做好人”的嘱托，走向梦想的远方！

同学们，母校每天都等着听见你们进步的好消息！

同学们，四小永远爱你们！

见贤思齐　知行合一

（2018—2019学年第一学期东胜一小开学典礼上的讲话）

尊敬的各位家长、老师，亲爱的同学们：

大家好！

今天，我们在这里隆重集会，迎接新学期的开始。

我们是一小的教师、家长、学生，我们感到无限荣光。

我们为一小百年的历史骄傲。1928 年，在乡村的小院落里，贡生刘恒龄成为一小的首任校长。一小历经时代的更迭、战火的洗礼、改革的春风……百年沧桑，一小始终坚定地站在地区教育的最前列。百年时光荏苒，一小青春依旧。

我们为一小优秀的教师骄傲！常怀仁爱之心，对每一个孩子不抛弃，不放弃，早来迟走，夙夜奉公；感怀集体荣誉，在学校利益面前，放弃小我，义无反顾；心怀传承之念，一小优秀的文化得益于多少代领导和老师的坚守，他们的自律、奉献与传承成就了一小，让一小在漫长的历史长河中，始终做时代的弄潮儿。

我们为一小优秀的家长骄傲！曾记否，建设课程，有家长鼎力相助的激情；设计活动，有家长忙忙碌碌的身影；约谈会上，有家长殷切鼓励的话语。曾记否，家长的心与一小的心连在一起，大家有感而发，共同抒发对一小的一片深情——

百年砥砺前行，
换来硕果累累的辉煌发展。
百年教书育人矢志不渝，

铸就无私奉献的巍峨师魂……
伸出你的双手，
召辽阔草原，
共著华章蓝图！
放开你的歌喉，
唤滔滔黄河，
同和一小繁荣弦歌！

我们为一小优秀的学生骄傲。一批批知书达理的学生从一小走出，在各个院校、各个行业实现着自我的价值，融入祖国建设的滚滚洪流中。他们中有名牌大学的学生，有各个行业的杰出代表，有默默奉献在普通岗位的工作者……无论他们身处何地，都带着一小留在他们生命中的烙印——“见贤思齐 知行合一”！

新时代，新机遇，新挑战，新发展。

今天，一小站在新的发展起点上，未来的历史将由我们共同书写！

我想对同学们说，学会自律，在管住自己的历练中成长；我想对家长们说，坚守自律，用我们的言行引领孩子成长；我想对老师们说，坚持自律，用我们的高度自律促进孩子成长！

我们是什么样，一小就是什么样；我们锐意进取，勇立潮头，一小就锐意进取，勇立潮头；我们“见贤思齐 知行合一”，一小就“见贤思齐 知行合一”！

我们坚信：今天，我们以一小为荣，明天，一小定将以我们为荣！

感　恩

（2020届东胜一小毕业典礼上的讲话）

尊敬的老师们、家长们，亲爱的同学们：

大家好！

今天，我们在这里隆重集会，为2020届六年级毕业生举行毕业典礼。

此时此刻，我想跟大家分享几个小故事。

刘子涵同学上四年级时生病了，同班的李安琪同学一直帮他送作业，跟他一起写作业。等他回学校考试时，高老师把班里的花草全搬走了，怕他过敏，刘子涵同学很感动，他把他的感动记在日记里，更深深地记在心里。他更加严格要求自己，不给父母、老师、同学添麻烦，用自律感恩大家、回报大家。

陈芳老师要生小宝宝了，班里的同学们悄悄地布置好教室，黑板上写着“老师，我们爱您”“老师，我们等您回来”，同学们用这样的方式表达对陈老师的感恩。陈老师热泪盈眶，产假一满，克服了很多困难，坚持继续带班。老师与同学们的真情融在一起，彼此感恩，感受着人间真情。

“妈妈在平时里幽默又有趣，可一到辅导英语作业，就像变了个人似的，那天的‘现在进行时’可把我害惨了。‘这不是后面加ing了吗？这表示啥，啊？’诸如此类的话，如同滔滔江水向我奔涌而来。我像只弱小的白兔，无助地望着妈妈。妈妈呢，像极了着火的山林，熊熊燃烧，势不可挡。妈妈时而幽默，时而如猛兽一般。让您一直为我这只小神兽操心，您辛苦啦！祝您母亲节快乐！”这是六年级同学笔下的妈妈。同学们用心理解着妈妈，用这份理解表达着自己对妈妈的感恩。

百年一小校史馆里的老物件、旧照片、优秀的一小学子，白杨树树下的“斗老根”游戏，课间在小花坛里嬉戏的场景，运动会开幕式上队列的展示，校园里的点点滴滴都将成为同学们永久珍藏的记忆。同学们用这份记忆感恩母校。

感恩同学，感恩老师，感恩父母，感恩母校。四个故事，四种感恩。故事不同，感恩的心、感恩的情是相同的。我们深信，同学们在一小生活学习的六年中，这样的故事天天都在发生。同学们，我们今天毕业典礼的主题是“感恩母校，放飞梦想”。我们很高兴，从这些故事中，我们感受到一小的毕业生懂得感恩。我们深信，你们一定会走得更远，实现梦想！

感恩，让我们明白自己拥有的一切如此美好。感恩，让我们更加珍惜此时此刻。同学们，你们人生中最美好的六年时光即将成为过去，在百年一小的怀抱中，你们已经成长为翩翩少年。今天，是放飞的时刻。在这个时刻，请铭记母校的嘱托，感恩，感恩，感恩！

感恩老师，每一节精彩的课堂里饱含了老师的多少心血，每一次快乐的活动中凝聚了老师的多少汗水。你们的每一次成长、每一点进步，得益于老师们默默的奉献与辛勤的耕耘。让我们把最真挚的掌声献给各位可亲可爱的老师们！

感恩父母，当你们健康进步时，是爸爸妈妈最欢乐的时候；当你们犯了错误时，是爸爸妈妈最心痛的时候。同学们，让我们以长时间的最热烈的掌声感谢父母的养育之恩！

感恩百年一小。百年一小穿越历史长河，风华正茂，意气风发。有幸成为它的学子，你们将成为百年一小历史的传承者，百年一小也将成为你们生命中永恒的记忆。感恩这份记忆，让你永远自豪地宣告：“我，是一小学子！”

见贤思齐，知行合一。

同学们，请带着回忆，带着嘱托，带着感恩，用自律、坚持、勤奋，走向梦想的远方！

同学们，母校每天都等着听见你们进步的好消息！

同学们，百年一小永远爱你们！